Jorge Guillén:
Obra poética
Antología

Prólogo de Joaquín Casalduero

El Libro de Bolsillo
Alianza Editorial
Madrid

Primera edición en «El Libro de Bolsillo»: 1970
Segunda edición en «El Libro de Bolsillo»: 1972
Tercera edición en «El Libro de Bolsillo»: 1979
Cuarta edición en «El Libro de Bolsillo»: 1982

Venimos a rendir homenaje a una obra realizada: Aire
nuestro *y a decir la admiración y el agradecimiento que
sentimos por su creador: Jorge Guillén. Su labor, es claro,
no ha terminado; deseamos que esté muy lejano el día que
cese de escribir.*

Aire nuestro *se abre con una gran afirmación, una gran
alegría; con una seguridad extraordinaria, consecuencia de
descubrir la realidad, el ser, lo que existe. Una existencia
en relación con el mundo y los hombres. Relación profundamente amorosa. Este mundo tan hondamente humano y
tan puro, como corresponde a su época, nos ofrece una
visión muy distinta de la que tuvo el siglo XIX —del ro-
manticismo hasta el impresionismo—. Su característica más
importante es que recobra al Hombre en la Tierra. Este primer movimiento se llama* Cántico *y ha tenido cuatro esta-
dios: 1919-1928, 1928-1936, 1936-1945, 1945-1950. No
son cuatro* Cánticos. *Es un* Cántico, *un orgánico desarrollo
que junto a su claridad y seguridad de dirección nos entrega*

7

*una imprevisible variedad, una realidad innumerable. Es un
portento de integración: toda la variedad del Cosmos dentro de la Unidad que la contiene. Esta nueva objetividad
(sin nada positivista), este nuevo idealismo (sin nada pla-
tónico), este fenoménico existencialismo se expresó con una
melodía completamente nueva. Aquellos que creyeron que
el mundo de Cántico era abstracto tampoco tuvieron oído
para la nueva música que creaba Jorge Guillén; por eso,
las décimas fueron las que se impusieron más fácilmente.
Aunque su nitidez y rotundidad rítmicas, que crean un perfil tan puro, hagan de la forma y el sonido guillenianos
algo tan diferente de la estrofa tradicional.*

El Cántico de 1950 es una obra total, completa; lo cual
no quiere decir que en sus cuatro tiempos, si los leemos por
separado, no percibamos toda la diferencia que va entre
el tallo esbelto y el tronco robusto de copa frondosa. El
tiempo necesario para que se desarrollase es lo primero que
notará el lector que lea las cuatro ediciones diferentes. La
reflexión del primer Cántico es puro impulso; en cambio,
en 1950 el impulso ha sido sustituido por la meditación.
De la exaltación de 1928, permaneciendo en la misma línea,
pasamos a la plenitud de 1936. A partir de este año las catástrofes históricas se acumulan y precipitan, el sufrimiento
y el dolor personal se hacen también sentir. Los años traen
consigo los honores, la celebridad, la madurez, pero la arquitectura de Cántico ni se tambalea ni resquebraja. Todos
los elementos extraños al gozo, a la exultación, a la afirmación, son admitidos en Cántico para mantenerlos subor-
dinados. El mismo poeta nos ha dicho que son el coro, el
acompañamiento del acto de amor y del orden. La destrucción queda sometida a la creación. En los dos primeros
momentos de Cántico el protagonista se mueve en un mundo físico y metafísico. La mirada llega hasta las cosas y
vuelve al alma, cuerpo y alma inimaginables el uno sin el
otro y en unidad tan plena que lo social y lo moral no se
hacen presentes. La dimensión de Cántico va del despertar
al dormir, rechazando los sueños o la muerte, pues cuando
se refiere a ella el poeta la ve únicamente como una ley
de gravitación, como un final.

En las dos primeras ediciones de Cántico *nos encontramos con un estado: es siempre el de un hombre feliz. Protagonista que en* El argumento *de la obra es llamado actor, enamorado, y lo que le distingue no es tanto su felicidad como el vivir plenamente en el ahora y el aquí. El futuro y el pasado no se imaginan sin su íntima relación con el presente, como las lejanías, los espacios siderales están estrechamente unidos al aquí, este aquí y este ahora que son siempre el centro para este actor y enamorado habitante en un Mundo bien hecho, según el bello verso de Jorge Guillén, tan incomprensiblemente mal entendido y que no sé por qué el poeta se ha esforzado tanto en explicar. «Este mundo del hombre está mal hecho.» Este sentimiento rousseauniano yo no lo utilizaría nunca para establecer una filiación, sino para marcar la diferente personalidad del ginebrino y del vallisoletano. Cuando Guillén se refiere al protagonista de* Cántico, *diciendo «Este actor no sería nada fuera de su escenario», ¿cómo puede un español no pensar en* El gran teatro del mundo? *Y al estar encuadrado entre el despertar y el dormir, ¿cómo no recordar a Segismundo? Rousseau, el XVII español, pueden ser un ejercicio histórico interesante siempre que los empleemos para diferenciar y hacer resaltar lo siglo XX de* Cántico, *de la exaltación de lo concreto y del ser en la tierra, de ese amor tan táctil que repugna todo misticismo.*

«Más allá», «Salvación de la primavera», son los dos grandes poemas extremos de esta primera época. Su resolución, su aplomo, su sonido, son la gran creación de la poesía española de los años 30; por eso mismo no debemos olvidar el gran acierto de esbeltez, la temblorosa trasparencia de «Primavera delgada»:

> *Cuando el espacio, sin perfil, resume*
> *Con una nube*
>
> *Su vasta indecisión a la deriva...*
> *¿Dónde la orilla?*

O la tempo-espacialidad captada en una dimensión que logra cristalizar míticamente la infancia: «Los jardines»:

> *Tiempo en profundidad: está en jardines.*
> *Mira cómo se posa. Ya se ahonda.*
> *Ya es tuyo su interior. ¡Qué trasparencia*
> *De muchas tardes, para siempre juntas!*
> *Sí, tu niñez: ya fábula de fuentes.*

Capacidad mitificadora que es lo que hace de Cántico
algo único en su época: «El manantial»:

> *Manantial, doncella:*
> *Escorzo de piernas,*
> *Tornasol de guijas.*
>
> *Y emerge, compacta*
> *Del río que pudo*
> *Ser, esbelto y curvo,*
> *Toda la muchacha.*

Cántico es la poesía del sí vital. Ese trazo tan directo
podía llegar hasta la rotundidad de «Más allá» y «Salvación de la primavera»; afortunadamente para el poeta, con
el paso del tiempo y de los acontecimientos, la afirmación
se ve rodeada de una serie de negaciones, logrando Guillén
que en las dos últimas ediciones la confrontación entre el
espíritu creador y la destrucción enriquezca su voz con una
serie de registros que en 1928 y 1936 no se podían sospechar. Su voz se adensa, su tono se hace imperativo; ya no
basta con estar ni aun con ser. La relación se torna contienda y el yo de Cántico se enfrenta cara a cara con el dolor,
el desorden y la muerte. Este yo, este ser en bloque tan diferente del yo impresionista, laberíntico y agónico.

El primer tiempo de Aire nuestro tiene la seguridad del
júbilo al comienzo, y al final, la voluntad de imponer su
fe y su esperanza. El segundo movimiento no se ha presentado nunca en un volumen. Esta es ya una diferencia entre
Cántico y Clamor. A la unidad primera le suceden Maremágnum, ... Que van a dar en la mar y A la altura de las
circunstancias. Cántico es siempre un enfrentarse con la realidad para ser. El tiempo de Clamor es de una gran agitación, primero; después, el adagio se hace apasionado; por
último, se sale del ritmo elegíaco y nostálgico para volver a

la agitación primera, tratando de mantenerse a flote, de no naufragar.

Desde 1936 no hay inconsciente que intente estar por encima de las circunstancias; nuestra tragedia es que tampoco podemos estar a la altura de las circunstancias; ya es bastante si logramos agarrarnos a algo que nos permita no ser arrastrados en el remolino que parece ha de hundirnos a cada instante. Jorge Guillén se ha salvado con su voluntad de vida y su esperanza y su fe. Cántico, a partir de la tercera edición, recibe un subtítulo: Fe de vida, es el momento en que el poema tiene que dar entrada a la injusticia y el desorden, a la enfermedad y a la muerte. Tanta negación choca contra esa fe en la vida, en el orden y en la creación, en el orden de la creación.

Clamor desde el primer momento va acompañado del subtítulo: Tiempo de historia. En otra ocasión he explicado lo que es el idealismo de Cántico y de su época, como expliqué lo que había que entender por poesía pura. Al futuro estudioso de la poesía guilleniana no le será difícil explicar cuál es este Tiempo y esta Historia, cómo se acerca Jorge Guillén a la historia, cómo siente la historia y el tiempo, y nos recordará seguramente el «absoluto presente» de Cántico, tan próximo al de Gabriel Miró y con el cual hay que relacionarlo; además, citará estos versos de 1928:

> *¡Bodas*
> *Tardías con la historia*
> *Que desamé a diario!*

Clamor es un dique que quiere contener el desbordamiento de la corriente, que quiere encauzar sus aguas desde Cántico, desde el ser, desde la dignidad y la claridad de la vida. Por eso, en el verso voluntariamente prosaico de Clamor hace su aparición con frecuencia la melodía de Cántico. Guillén, que acude al verso prosaico, escribe también en prosa, y esta prosa es la de un poeta. La sintaxis de Jorge Guillén siendo muy personal no ofrece en realidad ninguna gran dificultad; su vocabulario, como en Cántico, tiene un gran caudal de voces de la lengua literaria creada en los siglos XVI y XVII; también persiste su formación

*simbolista que le obliga a alejarse de la experiencia pri-
mera, punto de arranque del poema. Este hermetismo de
Cántico a veces nos permite penetrar más hondamente en la
esencialidad poética del mundo guilleniano; en cambio, en
Clamor, si ignoramos la anécdota o si ésta se nos escabulle,
la inteligencia del poema se pierde, de tal manera depende-
mos. de la realidad aludida. El mismo autor nos ha advertido
que en este período de su obra abundan la narración y la
descripción; hay que tener en cuenta, sin embargo, que
ambas son tratadas con gran sobriedad. Esta economía de
medios en ocasiones me recuerda a Cézanne.*

Maremágnum *tiene la estructura guilleniana. Empieza con
el despertar y concluye con el dormir. Las luces que encua-
dran siempre la poesía de Jorge Guillén son las de la mañana temprano y las de la noche. Pero ahora es el abrir los
ojos en un tren, en ese vagón que es el mundo, y el poeta
capta con gran precisión el desentumecimiento de los miem-
bros, el desperezo, todo ello sobre el triquitraque del metal
y el ritmo de la velocidad. El sol va apareciendo y entrando
por las ventanillas, el dormido abre los ojos un momento
para volverlos a cerrar aún un instante. El poeta ni insiste
ni describe con minucia; aprehende exactamente, sin embargo, una situación poco amable, poco cómoda, de la cual evi-
dentemente se desea salir pronto. Barullo, embrollo, maremágnum, confusión, pero Jorge Guillén, su oído, su espíritu, puede ver en esa caótica agitación una armonía no ya
posible, segura.*

> *... Y el tren, hacia su meta lanzándose, corriendo*
> *—Mirad, escuchad bien—*
> *Acaba por fundirse en armonía,*
> *Por sumarse puntual, sutil, exacto,*
> *Al ajuste de fuerzas imperiosas,*
> *Al rigor de las cosas,*
> *A su final, superviviente pacto.*

*El soneto «Sueño común» cierra el volumen. El sueño
equiparado a la muerte es un motivo frecuente en la lírica,
pero nunca se ha presentado así en Cántico. En este soneto
llegamos al terceto final para oír:*

Cuerpo tendido: todo en paz te mueres
Negando con tu noche tantos males,
Rumbo provisional hacia la nada.

El poeta destaca lo «provisional» de esa semejanza estable-
cida tradicionalmente. El dormir en paz es olvido de todas
las cóleras del mundo, de todas las inquietudes destructivas.
Es más, Jorge Guillén llega a afirmar «el dormido no es vil».

Entre este despertar del tren y el dormir del soneto acom-
pasa el poeta el desorden del mundo. Notemos primero
que la humanidad de Maremágnum sueña; ésta es una perspectiva que no encontrábamos en Cántico. El dormir ya no
es reposo, de la misma manera que la noche no existe sólo
para el sueño; también en ella tenemos al insomne. Es un
vivir desdoblado; es un estar despierto por el dolor, por el
ruido, por el malestar, por el atracador o la policía o el
asesino. Inmediatamente después del gran poema, «Potencia
de Pérez», que nos presenta el régimen totalitario y la es-
tampa del Dictador, monumento de tamaño mayor que el
natural que nos está dando toda la pequeñez humana de ese
Pérez, un cualquiera infame, tenemos en prosa el gran clamor de «Ruinas con miedo». Es el ataque tan cobarde de
la aviación fascista y nazi contra Etiopía, contra Guernica.
Picasso nos dejó su lienzo; Guillén ha escrito esta magnífica
prosa contra el crimen más vil que comete el poder del siglo XX, equiparable sólo a esa invención tan científica de
las cámaras de gas en los campos de concentración. Los dos
polos que en Maremágnum mantienen el eje de esta confusión moderna, Guillén los encuentra, de un lado, en la so-
berbia, mitificada en la figura de Luzbel, y, del otro, en la
sodomía. Si interpreto bien, en la desviación de la inteligencia y en la de los sentidos. Estos dos poemas, «Luzbel
desconcertado», «La hermosa y los excéntricos», son los dos
pilares del libro, dividido en cinco partes. La última parte
—«Guerra en la paz»— se acoge a Tolstoy y a Unamuno.
La época moderna es la de los -ismos, artísticos y políticos.
«Dogmas, bombas» dice un verso de «Aire con época».
En esta parte, según el equilibrio de fuerzas de la composición guilleniana, podríamos hallar una correspondencia entre «Potencia de Pérez» y «Dolor tras dolor»: toda la ciu-

dad sometida al chirrido estridente de la sirena de la ambulancia o del furgón policíaco; los mil movimientos de los
habitantes de la ciudad centrados un momento fugaz alrededor del agonizante o del herido, del ladrón o del asesino.
Igualmente, a esa asolación tan vil, tan obscena de la aviación arrasando una ciudad, como la armada nazi hizo con
Rotterdam, se opone la «Pared» que los hombres más soeces
ensucian. Son cinco interrogaciones; la última, al preguntarse
por la índole de esos extravíos, parece inquirir la razón de
todo el absurdo repugnante actual:

> ¿Qué vida inconfesable, qué dolor y delirio,
> qué absurdos, qué esperanzas —las últimas—
> están latiendo en esa confidencia de infeliz?

La línea caricaturesca, la sátira, momentos de felicidad,
notas alegres aparecen en este primer volumen de Clamor.
A veces el pensamiento, mejor, la intención, está demasiado
generalizada, quizá oculta, para que pueda ser comprendida.
En general la expresión epigramática en estrofas de tres o
cuatro versillos, que Jorge Guillén con gracia llama tréboles,
es acertada.

Sucede al ritmo agitado de Maremágnum en el segundo
volumen de Clamor, … Que van a dar en la mar, un
acongojado y amplísimo ritmo elegíaco. Las siete partes en
que se divide se disponen de acuerdo con la estructura de
siempre: despertar y dormir. La parte central, la cuarta, es
la del recuerdo elegíaco. El gran ritmo amoroso que hay
que relacionar con «Salvación de la primavera». El despertar de tanto dolor —el dolor de la soledad, del presente que
sólo tiene sentido por el pasado—, ese despertar tiene un
empuje cósmico, es un resucitar, Lázaro que vuelve a la
tierra. Lázaro sale de su noche, de su oscuridad, de su descanso quizá, inquieto para volver a encontrar las cosas y la
vida cotidiana. «Huerto de Melibea» es la noche final, es
la noche trascendente de la muerte, una noche trascendida
de amor. Entre ese salir de la muerte y este ir a ella, vemos
pasar toda la vida hecha de vejez y de recuerdo: de las dos
maneras pasado. Además, el cansancio, el olvido y la enfermedad. Rememoración de la infancia, de la juventud.

... Que van a dar en la mar es una elegía por la muerte
de la amada, de la siempreviva; por el tiempo que pasa;
por la soledad en que queda el hombre; por la que está
siempre acechando; por la vida que pasa. Esta elegía impone
el recuerdo, viene acompañada del sentimiento. Oímos una
afirmación que en lugar de ser vital es un acto de voluntad:

> Ay, los ímpetus de mi fe
> Declinan ante el gran enredo.

Voluntad que es un acto vital:

> Vivir es algo más que un ir muriendo.

Y este otro verso:

> Respiro, no agonizo, vivo y vivo.

En esta elegía no hay lágrimas, ni sollozos, aún menos desesperación. Al lado de la trágica elegía de Espronceda, la de
Guillén es una serena, madura, viril, aceptación de la vida,
de la vida tal cual es, con un sol brillante, velado a veces
por una suave melancolía.

Este adagio termina y el tercer movimiento de Clamor,
A la altura de las circunstancias, vuelve al ritmo agitado
y rápido de Maremágnum, pero mucho más contenido. La
composición de los dos libros es idéntica: cinco partes, de
las cuales la segunda y la cuarta son las que se imponen.
La primera parte está circundada de ratas, las del barco que
se va a pique y la rata de la pesadilla insomne, nuevo Hamlet
que ve su fantasma. Menos el dolor, la injusticia, el sufrimiento, todo es impersonal. La lucha más cruel, la rapidez,
el tráfago, el paso del tiempo, todo por un momento está
vacío de sentido, todo por un momento es inútil.

No hay desbordamiento, pero la riqueza de circunstancias,
de situaciones morales, de relaciones entre los hombres, entre la Tierra y los planetas y astros innumerables es incontenible, es decir, sería incontenible si no persistiera siempre
el sentimiento del ahora y del aquí, el sentimiento del límite. No tenemos que trasladarnos a ninguna forma histó-

rica de clasicismo, pues se trata del propio contorno personal, del ser-en-la-tierra. Es muy fácil ver en estas partes,
tercera y quinta, la polaridad pendular en que el mundo
queda cogido: «El lío de los líos» (superlativo) y «A oscuras», «Nada más», «Nada menos», como en la primera parte: «Despertar español» y «La sangre al río» (en lugar de
«no llegará la sangre al río»), y «Pietà» y «Cita». Sobre todo
fijémonos que los tréboles, como a veces las décimas o esa
variación de los diez octasílabos asonantados, son una espe-
cie de instantánea lírica, punzante, ingeniosa, brillante, con
frecuencia llena de buen humor (por cierto, tema aún no
estudiado en la poesía de Guillén). Algunos tréboles son
gotas iridiscentes de alegría vital, de felicidad compartida.
Sí, hay ruidos estridentes, hay confusión; Guillén llega a
escribir «caos-caos», y las sombras, aún más, la oscuridad se
amontona. Sin embargo, en el tercer movimiento de Clamor,
del naufragio logra salir a flote la armonía. Digamos la
décima «Enlace»:

> Siento sed. Mi boca busca
> Con una tensión de urgencia
> Límpida corriente brusca,
> Frescor en su violencia
> Que ahonde hasta la raíz
> Del ser. Soy así feliz
> —Y con hambre. Necesito,
> Mundo, lo otro, mi pan,
> Tantas cosas que ya están
> Tendiendo hacia mí su grito.

Si en medio del tumulto bestial podemos luchar contra la
desesperación es porque Guillén tiene fe en el hombre, en
la dignidad del hombre.

«Dimisión de Sancho» es un poema que hay que leer con
mucha atención y sobre todo oído. Es de un prosaísmo completamente querido; hay algún verso que en realidad no es
otra cosa que una frase de once sílabas. La descripción
es admirable, pero creo que el lector no tiene que detenerse
en ella, sino verla como base y fondo de la melodía de exaltación con que el poeta planta al ser en la tierra. Estamos en
Cántico de nuevo; gracias a Cántico se puede en la comple-

jidad del mundo del hombre salvar la integridad de la persona, salvarla de los ataques constantes y brutales con que la técnica y el odio quieren destruirla. La melodía es de una desnudez de recursos, de una sencillez inimaginables. La maestría perfecta de Guillén dirige la letanía. En Cántico se descubría la maravilla de lo concreto. Este largo adiestramiento hace que Clamor estalle:

> —Heme aquí. Sancho soy.

> Allí, desde ese punto
> Que le es propio en su patria, su universo,
> Frente al perenne fondo
> Que también para Sancho se articula
> Como una Creación.

> Es donde está de veras situado:
> Un simple acorde justo...

«Las tentaciones de Antonio» es un poema necesariamente más complicado. Empecemos por advertir que el poeta se interroga acerca de la identificación entre el yo que sueña y el yo soñado, y Guillén, que en «Lugar de Lázaro» había demostrado su capacidad para representar lo concreto y lo inmaterial separados, ahora en la tentación diabólica, con la transformación degradante, pinta una acción y un paisaje que a mí me recuerdan a Rousseau le Douanier, y en la tentación angélica estoy por asegurar que Guillén pinta un paisaje renacentista. De ambas tentaciones sale este hombre triunfante. Su victoria al despertar de su sueño consiste en salvar su ser de hombre. El poema termina y empieza con esta palabra. Sea en el nivel más elemental y simple —Sancho—, sea en la compleja y superior zona de Antonio, el hombre logra salvar incólume su ser. El poeta persiste en no ceder. Su negación, su No, es el Sí de Cántico. Es exacto que en las dos últimas etapas de Cántico aparece, y tenía que insinuarse necesariamente, Clamor; hay que indicar que Clamor está dominado por Cántico. El mismo poeta lo dice, el poeta Jorge Guillén, no el crítico Jorge Guillén:

> Es el día del Señor.
> Suene música sagrada,
> Cántico sobre clamor.

Por eso su recuerdo es un presente:

> *Al recuerdo se agarra la existencia*
> *Con ansiedad de historia convivida.*

La unidad de la obra guilleniana la encuentro en la afirmación vital del ser, primero, en la situación del ser en el mundo después, por último en la salvación del ser del naufragio filosófico, moral y social de nuestro siglo XX.

Para acabar de oír la voz del poeta me bastará referirme a la última parte de Aire nuestro, *ese volumen que acaba de aparecer:* Homenaje. *La portentosa arquitectura de* Aire nuestro (1928-1967) *se corona con este volumen editado bellamente en Milán (All'Insegna del Pesce d'Oro). El subtítulo es: «Reunión de vidas». Así, «Tiempo de Historia» queda encuadrado entre «Fe de vida» y «Reunión de vidas». Estas vidas confluyen en la vida del poeta. Es una vida en dos niveles. Primero la poesía y la cultura general y el ejercicio de la traducción; después, la amistad, homenaje a la amistad que concentra a los poetas de su generación, pero que se extiende numerosa. Esa inmensa corriente ya no se enmarca entre el despertar y el dormir, sino que va desde* El Génesis *hasta la* Obra completa. *Esta trayectoria nos da la escala de* Aire nuestro. *En esa inmensa realización el poeta se ha fijado en hechos triviales, en cosas menudas que están dando siempre la exacta proporción de ese mundo poético colosal, en que lo más concreto está siempre dentro del aire y de la luz. Siempre la Tierra y en ella el hombre.*

En ese bloque cristalino, diamantino —densidad y transparencia— que es Aire nuestro, Cántico *era un homenaje constante a la realidad y al vivir.* Homenaje *es un cántico incesante. En la primera etapa de su obra, la vida se dirigía a un futuro que rebasaba lo individual: «Más vida», «Vida extrema».*

> *A través de la horas, sin descanso*
> *Más allá de la muerte,*
> *Hasta el año 2000 he de llegar*
> *Calladamente.*

Y saliéndose de lo estrictamente biológico:

> *Más vida imponga así la vida viva*
> *Para siempre, vivaz hasta su extrema*
> *Concentración, incorruptible arriba*
> *Donde un coro entre lumbres no se quema.*

Se dijo de Cántico *que por alguno de sus aspectos se po-*
día titular Estudios, *en su acepción musical.* Homenaje *es*
un tema con variaciones. El futuro, con tan segura certeza,
del comienzo:

> *Paz: es obra.*
>
> («Vida extrema»)

se ha transformado en realidad:

> *Al lograr mi propósito me siento*
> *Triste, muy triste...*
> *Aunque sin pausa mane aún la fuente*
> ....
> *¡Dure yo más! La obra sí se acaba.*
>
> («Obra completa»)

El acorde tan firme, tan definitivo, se enriquece con *ar-*
mónicos que no miran al pasado sino a la realización de la
obra dispuesta ya para la contemplación y que depende del
primer verso —todo un programa de vida:

> *Siempre he querido concluir mi obra.*

Ha cumplido. *Qué horror nos produce tanto prometer vacío,*
sea charlatanería o no. No es un acto voluntarioso. Es un
hecho vital con esa bella modulación alegre, delicada, con-
templativa, rumorosa, llena de tornasolados. Siempre genitor,
llegando a lo más diáfanamente espiritual. En Homenaje
el pasado siempre es presente. La nostalgia no existe, salvo
en algunos versos, algunos poemas que son todo nostalgia.
Pero incluso entonces, a pesar de lo que resaltan por su
rareza, lo que se impone es el presente.

Los libros, cuando son libros, son también verdadera vida.
¿Lo mejor del hombre? Por lo menos lo que dura de una
manera más clara, y la poesía para Guillén «vida extrema».
Es un río extenso, caudaloso. Vemos toda la cultura de Oc-

*cidente, que se alimenta, como es natural, también de Orien-
te. A veces, es un delicioso movimiento* (Al margen de
Safo)*; otras, presenta parcialmente la obra en un aspecto,
porque pone en primer plano lo que rechaza* (Al margen
de Quevedo). *Aire nuestro, vida nuestra. El aire (vida)
es un tema constante de Jorge Guillén. Un armónico es
respirar. La actitud de Jorge Guillén es parecida a la de
Goethe por lo que se refiere a la cultura. Goethe acepta,
asimila, utiliza, rechaza cuando ya no le hacen falta ideas,
sentimientos y lo que no me gusta nada, personas. Guillén
es completamente diferente; tiene un ritmo respiratorio de
inhalación y exhalación. Ese ritmo respiratorio de su vida
espiritual y cultural, creo que no habría que extenderlo y
relacionarlo con su poesía ni con su sentido del límite.*

   *Tema entrañable el de la amistad. Guillén reúne a su
numeroso círculo, presidido por Pedro Salinas —amistad de
verdad, correspondencia leal—. Guillén nos habla también
de su manera de sentir la amistad. ¿Cómo no aceptar los
errores, las faltas, los defectos, lo contrahecho de personas
y cosas? Cómo no aceptarlo hasta cierto punto, claro.* Amicus
Plato... *Para Guillén, no. La verdad no tiene autoridad bastante para interponerse en la amistad. La verdad debe ir
adornada siempre de la oportunidad. Cervantes como toda
sociedad aristocrática también sentía así. Guillén lee a Ci-
cerón:*

QUERIDO AMIGO

> ... veritatem sine qua nomen amicitiae
> valere non potest.
>
> De amicitia, 25

*Amigo: no querrás que te confíe
Todo mi pensamiento,
Porque te dolería inútilmente
Cruel veracidad.
Simple rasguño hiere al delicado.
Una sola palabra acabaría
Con la dulce costumbre
De entendernos hablando entre fricciones
Evitables, silencios.
Ocurre a veces que alguna alma clara
Sin dolor no podría oscurecerse,*

Y resiste, y se opone a la íntima
Discordia entre vocablo y pensamiento:
Verdad a toda costa.
¿Lujo quizá imposible?
El embrollo diario es más complejo
Que la verdad, acorde simplicísimo.
La sutil, la difícil vida impura
Va con el corazón. Vivamos. Hombres,
Y aquí. ¿Drama fatal?

Con el Mundo y con los hombres se puede convivir, da gusto convivir. Son las horas sucesivas.

Es irritante que una poesía de la vida y de lo concreto —tema de Cántico— se haya podido tomar como abstracta. Siendo tan verdaderamente real, el haberla visto así debe achacarse a inatención. La atención es cortesía y el camino de la inteligencia.

Alguna vez se ha comparado a Jorge Guillén con Gabriel Miró. Desde España, quizá sean las dos figuras que han captado mejor el mundo del siglo XX en su significado trascendente. Habría que unirlos también por lo que se refiere a la descripción. Muy distintas, pero en el mismo nivel. Miró se adentra en la realidad. Rezuma el dolor, la crueldad de la vida y el jugo de todos los sentidos. Guillén compone. En lugar de sustancia da la esencia en su perfil. Y atentamente, su mirada va dibujando, penetrando gozosamente todos los contornos, cogiendo el color en su variada gradación y riqueza: «La columna solitaria», «Fuegos artificiales en Venecia». «Orilla vespertina»:

El mar en el sosiego de esta hora,
De este retiro, casi una ensenada,
Se vuelve lago, lago de crepúsculo
Donde no insisten nunca los instantes
Del apenas azul
Ya gris,
Un gris rosado que se vuelve rosa
Con indicios de malva,
Malva sobre el sosiego
Lentamente más gris, menos azul
De esta orilla marina,
O fluvial, o lacustre.

(En Aire nuestro, p. 1.453.)

*La narración es igualmente escueta; plena pero siempre
apuntando a los núcleos significativos.*

Otro tema guilleniano es el del asueto, lo contrario del
negocio, de la esclavitud de lo práctico. Para el centro de
Homenaje *dispone el escenario de junio. A ese escenario va
a dar «Amor a Silvia»: un diario de la vida amorosa. Breves
anotaciones que, a través de todas las inquietudes y temblo-
res del amante y del amor, conducen a la felicidad.*

En toda la poesía de Guillén el dominio del verso es algo
tan natural como sabio. En Homenaje *lo maneja con toda
gracia, libertad y elegancia: la rima, el ritmo, la melodía.
Juega con él, le obliga a que acuda donde quiere, le pone
al nivel de la prosa por puro amor al riesgo. Aún no se ha
estudiado la imagen de Guillén, y hay que tratar de penetrar
en su humor y su ironía, en su visión de la comedia de la
vida. Guillén es tan admirable en su capacidad de apre-
hender lo esencial como a veces cruel, pero quizá esté yo
equivocado.*

No creo que la obra impresa permita estudiar la gestación
de sus poemas. Las variantes de los textos algo dejarán al
lector atento, pero nada muy revelador. En cambio sus ejer-
cicios de traducción —en el fondo, variaciones— me parece que permiten perseguir el proceso de la creación guilleniana: cómo se va separando de la primera lectura —contacto leal con la realidad— hasta hacerla entrar en su propia
órbita. Ejemplo valiosísimo lo ofrecen las tres versiones de
«La fuente» de Romano Bilenchi.

«Reunión de vidas» es el subtítulo de Homenaje. *Recuér-
dese:*

> 1. Trabajar también ahonda
>   La vida: mi inspiración.
>
>   (1576)
>
> 2. Vivir es convivir en compañía.
>
>   (1634)
>
> 3. Una vida no cabe en la memoria.
>
>   (1670)
>
> 4. Mi ser es mi vivir acumulado.
>
>   (1672)

En el círculo perfecto de Aire nuestro queda inscrito ese triángulo de los dos poemas de amor y la elegía amorosa.

Joaquín Casalduero.

La primera versión de este ensayo fue leída por el autor en el Homenaje a Jorge Guillén, organizado por la Universidad de Oklahoma, febrero de 1968.

Esa primera versión, traducida al inglés, forma parte del volumen *Luminous Reality, The poetry of Jorge Guillen,* edited by Ivar Ivesk and Juan Marichal, Norman, University of Oklahoma Press, 1969.

AIRE NUESTRO

CANTICO - CLAMOR - HOMENAJE

MIENTRAS EL AIRE ES NUESTRO

Respiro,
Y el aire en mis pulmones
Ya es saber, ya es amor, ya es alegría,
Alegría entrañada
Que no se me revela
Sino como un apego
Jamás interrumpido
—De tan elemental—
A la gran sucesión de los instantes
En que voy respirando,
Abrazándome a un poco
De la aireada claridad enorme.

Vivir, vivir, raptar —de vida a ritmo—
Todo este mundo que me exhibe el aire,
Ese —Dios sabe cómo— preexistente
Más allá
Que a la meseta de los tiempos alza
Sus dones para mí porque respiro,
Respiro instante a instante,
En contacto acertado
Con esa realidad que me sostiene,
Me encumbra,
Y a través de estupendos equilibrios
Me supera, me asombra, se me impone.

HOMO

Remotos los rumores
Del magma primigenio,
Entre las tentativas
Que apuntan hacia el éxito
Surge sobre la tierra
Bárbara algún esfuerzo
De criatura digna
De animar en su cuerpo,
Barro para las manos,
Una fuerza de fuego
Que labora.
                  Confuso,
Discorde forcejeo
Sin fin.
                  Es muy difícil
Vencer a los espectros,
Convertir en más luces
Tantos instintos ciegos
Mientras está flotando
Bajo el sol del océano
La posibilidad
De ser —ya más, ya menos—
Hombre de veras hombre,
Libre, sí, todo incierto.

EL PAN NUESTRO

Cuando el pan ementamos, todo lo al complimos
                                                    BERCEO

Hacia un posible más allá del caos
Van los días del hombre valeroso,
Y emergiendo de brumas y de vahos
Sueñan, inventan en tensión de coso.

El tiempo se enriquece, se desgasta,
Y entre azar y desorden indomable
La mejor invención será nefasta,
Y el loco será entonces quien más hable.

Mientras, la realidad sin voz desea
Ser en concierto perspectiva humana.
Si se logra ese quid, hasta la fea
Visión da aire de triunfo a la mañana.

Aquí mismo, aquí mismo está el objeto
De la aventura extraordinaria. Salgo
De mí, conozco por amor, completo
Mi pasaje mortal. Vivir ya es algo.

Una fuente incesante de energía
Fundamenta el suceso: cada hora.
Prodigio es este pan de cada día.
Luz humana a mis ojos enamora.

CANTICO

FE DE VIDA

Tregastel, Bretaña
1919-1950
Wellesley, Massachusetts

MAS ALLA

I

(El alma vuelve al cuerpo,
Se dirige a los ojos
Y choca.) —¡Luz! Me invade
Todo mi ser. ¡Asombro!

Intacto aún, enorme,
Rodea el tiempo. Ruidos
Irrumpen. ¡Cómo saltan
Sobre los amarillos

Todavía no agudos
De un sol hecho ternura
De rayo alboreado
Para estancia difusa,

Mientras van presentándose
Todas las consistencias
Que al disponerse en cosas
Me limitan, me centran!

¿Hubo un caos? Muy lejos
De su origen, me brinda
Por entre hervor de luz
Frescura en chispas. ¡Día!

Una seguridad
Se extiende, cunde, manda.
El esplendor aploma
La insinuada mañana.

Y la mañana pesa,
Vibra sobre mis ojos,
Que volverán a ver
Lo extraordinario: todo.

Todo está concentrado
Por siglos de raíz
Dentro de este minuto,
Eterno y para mí.

Y sobre los instantes
Que pasan de continuo
Voy salvando el presente,
Eternidad en vilo.

Corre la sangre, corre
Con fatal avidez.
A ciegas acumulo
Destino: quiero ser.

Ser, nada más. Y basta.
Es la absoluta dicha.
¡Con la esencia en silencio
Tanto se identifica!

¡Al azar de las suertes
Unicas de un tropel
Surgir entre los siglos,
Alzarse con el ser,

Y a la fuerza fundirse
Con la sonoridad
Más tenaz: sí, sí, sí,
La palabra del mar!

Todo me comunica,
Vencedor, hecho mundo,
Su brío para ser
De veras real, en triunfo.

Soy, más, estoy. Respiro.
Lo profundo es el aire.
La realidad me inventa,
Soy su leyenda. ¡Salve!

II

No, no sueño. Vigor
De creación concluye
Su paraíso aquí:
Penumbra de costumbre.

Y este ser implacable
Que se me impone ahora
De nuevo —vaguedad
Resolviéndose en forma

De variación de almohada,
En blancura de lienzo,
En mano sobre embozo,
En el tendido cuerpo

Que aun recuerda los astros
Y gravita bien— este
Ser, avasallador
Universal, mantiene

También su plenitud
En lo desconocido:
Un más allá de veras
Misterioso, realísimo.

III

¡Más allá! Cerca a veces,
Muy cerca, familiar,
Alude a unos enigmas.
Corteses, ahí están.

Irreductibles, pero
Largos, anchos, profundos
Enigmas —en sus masas.
Yo los toco, los uso.

Hacia mi compañía
La habitación converge.
¡Qué de objetos! Nombrados,
Se allanan a la mente.

Enigmas son y aquí
Viven para mi ayuda,
Amables a través
De cuanto me circunda

Sin cesar con la móvil
Trabazón de unos vínculos
Que a cada instante acaban
De cerrar su equilibrio.

IV

El balcón, los cristales,
Unos libros, la mesa.
¿Nada más esto? Sí,
Maravillas concretas.

Material jubiloso
Convierte en superficie
Manifiesta a sus átomos
Tristes, siempre invisibles.

Y por un filo escueto,
O al amor de una curva
De asa, la energía
De plenitud actúa.

¡Energía o su gloria!
En mi dominio luce
Sin escándalo dentro
De lo tan real, hoy lunes.

Y ágil, humildemente,
La materia apercibe
Gracia de Aparición:
Esto es cal, esto es mimbre.

V

Por aquella pared,
Bajo un sol que derrama,
Dora y sombrea claros
Caldeados, la calma

Soleada varía.
Sonreído va el sol
Por la pared. ¡Gozosa
Materia en relación!

Y mientras, lo más alto
De un árbol —hoja a hoja
Soleándose, dándose,
Todo actual— me enamora.

Errante en el verdor
Un aroma presiento,
Que me regalará
Su calidad: lo ajeno,

Lo tan ajeno que es
Allá en sí mismo. Dádiva
De un mundo irremplazable:
Voy por él a mi alma.

VI

¡Oh perfección! Dependo
Del total más allá,
Dependo de las cosas.
Sin mí son y ya están

Proponiendo un volumen
Que ni soñó la mano,
Feliz de resolver
Una sorpresa en acto.

Dependo en alegría
De un cristal de balcón,
De ese lustre que ofrece
Lo ansiado a su raptor,

Y es de veras atmósfera
Diáfana de mañana,
Un alero, tejados,
Nubes allí, distancias.

Suena a orilla de abril
El gorjeo esparcido
Por entre los follajes
Frágiles. (Hay rocío.)

Pero el día al fin logra
Rotundidad humana
De edificio y refiere
Su fuerza a mi morada.

Así va concertando,
Trayendo lejanías,
Que al balcón por países
De tránsito deslizan.

Nunca separa el cielo.
Ese cielo de ahora
—Aire que yo respiro—
De planeta me colma.

¿Dónde extraviarse, dónde?
Mi centro es este punto:
Cualquiera. ¡Tan plenario
Siempre me aguarda el mundo!

Una tranquilidad
De afirmación constante
Guía a todos los seres,
Que entre tantos enlaces

Universales, presos
En la jornada eterna,
Bajo el sol quieren ser
Y a su querer se entregan

Fatalmente, dichosos
Con la tierra y el mar
De alzarse a lo infinito:
Un rayo de sol más.

Es la luz del primer
Vergel, y aun fulge aquí,
Ante mi faz, sobre esa
Flor, en ese jardín.

Y con empuje henchido
De afluencias amantes
Se ahinca en el sagrado
Presente perdurable

Toda la creación,
Que al despertarse un hombre
Lanza la soledad
A un tumulto de acordes.

ADVENIMIENTO

¡Oh luna, cuánto abril,
Qué vasto y dulce el aire!
Todo lo que perdí
Volverá con las aves.

Sí, con las avecillas
Que en coro de alborada
Pían y pían, pían
Sin designio de gracia.

La luna está muy cerca,
Quieta en el aire nuestro.
El que yo fui me espera
Bajo mis pensamientos.

Cantará el ruiseñor
En la cima del ansia.
Arrebol, arrebol
Entre el cielo y las auras.

¿Y se perdió aquel tiempo
Que yo perdí? La mano
Dispone, dios ligero,
De esta luna sin año.

DESCANSO EN JARDIN

Los astros avanzan entre
    Nubarrones
Hacia el último jardín.
    Losas, flores.

¿Qué del incidente humano?
    Calma en bloque.
Los muertos están más muertos
    Cada noche.

Mármoles, frondas iguales:
    Verde el orden.
Sobre el ciprés unos astros:
    Más verdores.

Muriendo siguen los muertos.
    Bien se esconden,
Entre la paz y el olvido,
    Sin sus nombres.

Haya para el gran cansancio
    Sombra acorde.
Los astros se acercan entre
    Nubarrones.

LO ESPERADO

Tras los flacos esquemas
Trémulos de las sombras
Que al dichoso en potencia
Por un atajo acosan,

Después de tantas noches
Arqueadas en túneles
De una luna entre roces
De silencio y de nube,

Aquí está lo esperado.
El doliente vacío
Va poblándose. ¡Pájaros!
Aquí mismo, aquí mismo,

Dentro de la absoluta
Sazón de una evidencia
Que obliga a la aventura
De quien por fin no sueña.

El alma, sin perder
El cuerpo, va creando
Su plenitud: nivel
Pasmoso de la mano.

SALVACION DE LA PRIMAVERA

I

Ajustada a la sola
Desnudez de tu cuerpo,
Entre el aire y la luz
Eres puro elemento.

¡Eres! Y tan desnuda,
Tan continua, tan simple
Que el mundo vuelve a ser
Fábula irresistible.

En torno, forma a forma,
Los objetos diarios
Aparecen. Y son
Prodigios, y no mágicos.

Incorruptibles dichas,
Del sol indisolubles,
A través de un cristal
La evidencia difunde

Con todo el esplendor
Seguro en astro cierto.
Mira cómo esta hora
Marcha por esos cielos.

II

Mi atención, ampliada,
Columbra. Por tu carne
La atmósfera reúne
Términos. Hay paisaje.

Calmas en soledad
Que pide lejanía
Dulcemente a perderse
Muy lejos llegarían,

Ajenas a su propia
Ventura sin testigo,
Si ya tanto concierto
No convirtiese en íntimos

Esos blancos tan rubios
Que sobre su tersura
La mejor claridad
Primaveral sitúan.

Es tuyo el resplandor
De una tarde perpetua.
¡Qué cerrado equilibrio
Dorado, qué alameda!

III

Presa en tu exactitud,
Inmóvil regalándote,
A un poder te sometes,
Férvido, que me invade.

¡Amor! Ni tú ni yo,
Nosotros, y por él
Todas las maravillas
En que el ser llega a ser.

Se colma el apogeo
Máximo de la tierra.
Aquí está: la verdad
Se revela y nos crea.

¡Oh realidad, por fin
Real, en aparición!
¿Qué universo me nace
Sin velar a su dios?

Pesa, pesa en mis brazos,
Alma, fiel a un volumen.
Dobla con abandono,
Alma, tu pesadumbre.

IV

Y los ojos prometen
Mientras la boca aguarda.
Favorables, sonríen.
¡Cómo intima, callada!

Henos aquí. Tan próximos,
¡Qué oscura es nuestra voz!
La carne expresa más.
Somos nuestra expresión.

De una vez paraíso,
Con mi ansiedad completo,
La piel reveladora
Se tiende al embeleso.

Todo en un solo ardor
Se iguala. Simultáneos
Apremios me conducen
Por círculos de rapto.

Pero más, más ternura
Trae la caricia. Lentas,
Las manos se demoran,
Vuelven, también contemplan.

V

Sí, ternura. Vosotros,
Soberanos, dejadme
Participar del orden:
Dos gracias en contraste,

Valiendo, repartiéndose.
¿Sois la belleza o dos
Personales delicias?
¿Qué hacer, oh proporción?

Aunque... Brusco y secreto,
Un encanto es un orbe.
Obsesión repentina
Se centra, se recoge.

Y un capricho celeste
Cándidamente luce,
Improvisa una gloria,
Se va. Le cercan nubes.

Nubes por variación
De azares se insinúan,
Son, no son, sin cesar
Aparentes y en busca.

Si de pronto me ahoga,
Te ciega un horizonte
Parcial, tan inmediato
Que se nubla y se esconde,

La plenitud en punto
De la tan ofrecida
Naturaleza salva
Su comba de armonía.

Amar, amar, amar,
Ser más, ser más aún:
Amar en el amor,
Refulgir en la luz.

Una facilidad
De cielo nos escoge
Para lanzarnos hacia
Lo divino sin bordes.

Y acuden, se abalanzan
Clamando las respuestas.
Ya inminente el arrobo.
¡Durase la inminencia!

Afán, afán, afán
A favor de dulzura,
Dulzura que delira
Con delirio hacia furia,

Furia aun no, más afán,
Afán extraordinario,
Terrible, que sería
Feroz, atroz o... Pasmo.

¿Lo infinito? No. Cesa
La angustia insostenible.
Perfecto es el amor:
Se extasía en sus límites.

¡Límites! Y la paz
Va apartando los cuerpos.
Dos yacen, dos. Y ceden,
Se inclinan a dos sueños.

¿Irá cruzando el alma
Por limbos sin estorbos?
Lejos no está. La sombra
Se serena en el rostro.

VI

El planeta invisible
Gira. Todo está en curva.
Oye ahora a la sangre.
Nos arrastra una altura.

Desde arriba, remotos,
Invulnerables, juntos,
A orillas de un silencio
Que es abajo murmullos,

Murmullos que en los fondos
Quedan bajo distancias
Unidas en acorde
Sumo de panorama,

Vemos cómo se funden
Con el aire y se ciernen
Y ahondan, confundidos,
Lo eterno, lo presente.

A oscuras, en reserva
Por espesor y nudo,
Todo está siendo cifra
Posible, todo es justo.

VII

Nadie sueña y la estancia
No resurge habitual.
¡Cuidado! Todavía
Sigue aquí la verdad.

Para siempre en nosotros
Perfección de un instante,
Nos exige sin tregua
Verdad inacabable.

¿Yo querré, yo? Querrá
Mi vida. ¡Tanto impulso
Que corre a mi destino
Desemboca en tu mundo!

Necesito sentir
Que eres bajo mis labios,
En el gozo de hoy,
Mañana necesario.

Nuestro mañana apenas
Futuro y siempre incógnito:
Un calor de misterio
Resguardado en tesoro.

VIII

Inexpugnable así
Dentro de la esperanza,
Sintiéndote alentar
En mi voz si me canta,

Me centro y me realizo
Tanto a fuerza de dicha
Que ella y yo por fin somos
Una misma energía,

La precipitación
Del ímpetu en su acto
Pleno, ya nada más
Tránsito enamorado,

Un ver hondo a través
De la fe y un latir
A ciegas y un velar
Fatalmente —por ti—

Para que en ese júbilo
De suprema altitud,
Allí donde no hay muerte,
Seas la vida tú.

IX

¡Tú, tú, tú, mi incesante
Primavera profunda,
Mi río de verdor
Agudo y aventura!

¡Tú, ventana a lo diáfano:
Desenlace de aurora,
Modelación del día:
Mediodía en su rosa,

Tranquilidad de lumbre:
Siesta del horizonte,
Lumbres en lucha y coro:
Poniente contra noche,

Constelación de campo,
Fabulosa, precisa,
Trémula hermosamente,
Universal y mía!

* ¡Tú más aún: tú como
  Tú, sin palabras toda
  Singular, desnudez
  Unica, tú, tú sola! *

PRIMAVERA DELGADA

Cuando el espacio sin perfil resume
        Con una nube
Su vasta indecisión a la deriva
        —¿Dónde la orilla?—
Mientras el río con el rumbo en curva
        Se perpetúa
Buscando sesgo a sesgo, dibujante,
        Su desenlace,
Mientras el agua duramente verde
        Niega sus peces
Bajo el profundo equívoco reflejo
        De un aire trémulo...
Cuando conduce la mañana, lentas,
        Sus alamedas
Gracias a las estelas vibradoras
        Entre las frondas,
A favor del avance sinuoso
        Que pone en coro
La ondulación suavísima del cielo
        Sobre su viento
Con el curso tan ágil de las pompas,
        Que agudas bogan...
¡Primavera delgada entre los remos
        De los barqueros!

ANILLO

I

Ya es secreto el calor, ya es un retiro
De gozosa penumbra compartida.
Ondea la penumbra. No hay suspiro
Flotante. Lo mejor soñado es vida.

Profunda tarde interna en el secreto
De una estancia que no se sabe dónde
—Tesoro igual con su esplendor completo—
Entre los rayos de la luz se esconde.

El vaivén de un silencio luminoso
Frunce entre las persianas una fibra
Palpitante. Querencia del reposo:
Una ilusión en el polvillo vibra.

Desde la sombra inmóvil la almohada
Brinda a los dos felices el verano
De una blancura tan afortunada
Que se convierte en sumo acorde humano.

Como una brisa orea la blancura.
Playa se tiende, playa se abandona.
Un afán más umbrío se aventura
Vagando por la playa y la persona.

Los dos felices, en las soledades
Del propio clima salvo del invierno,
·Buscan en claroscuros sin edades
La refulgencia de un estío eterno.

Hay tanta plenitud en esta hora,
Tranquila entre las palmas de algún hado,
Que el curso del instante se'demora
Lentísimo, cortés, enamorado.

Honda acumulación está por dentro
Levantando el nivel de una meseta,
Donde el presente ocupa y fija el centro
De tanta inmensidad así concreta.

Esa inquietud de sol por la tarima,
—Sol con ese zumbido de la calle
Que sitiando al silencio lo reanima—
Esa ansiedad en torno al mismo talle,

Y de repente espacio libre, sierra,
A la merced de un viento que embriaga,
El viento más fragante que destierra
Todo vestigio de la historia aciaga,

¿Dónde están, cuándo ocurren? No hay historia
Hubo un ardor que es este ardor. Un día
Solo, profundizado en la memoria,
A su eterno presente se confía.

II

Aunque el deseo precipita un culto
Que es un tropel absorto, da un rodeo
Y en reverencia cambia su tumulto,
Sin cesar renaciente del deseo.

Sobre su cima la hermosura espera,
Y entregándose toda se recata
Lejos — ¿cómo ideal y verdadera?—
Tan improbable aún y ya inmediata.

¡Es tan central así, tan absoluta
La Tierra bien sumida en universo,
Sin cesar tan creado! ¡Cuánta fruta
De una sazón en su contorno terso!

El amor está ahí, fiel Infinito
—No es posible el final— sobre el minuto
Lanzando de una vez, aerolito
Súbito, la agresión de lo absoluto.

¡Oh súbita dulzura! No hay sorpresa,
Tan soñado responde el gran contento.
Y por la carne acude el alma y cesa
La soledad del mundo en su lamento.

III

Gozo de gozos: el alma en la piel,
Ante los dos el jardín inmortal,
El paraíso que es ella con él,
Optimo el árbol sin sombra de mal.

Luz nada más. He ahí los amantes.
Una armonía de montes y ríos,
Amaneciendo en lejanos levantes,
Vuelve inocentes los dos albedríos.

¿Dónde estará la apariencia sabida?
¿Quién es quien surge? Salud, inmediato
Siempre, palpable misterio: presida
Forma tan clara a un candor de arrebato.

¿Es la hermosura quien tanto arrebata,
O en la terrible alegría se anega
Todo el impulso estival? (¡Oh beata
Furia del mar, esa ola no es ciega!)

Aun retozando se afanan las bocas,
Inexorables a fuerza de ruego.
(Risas de Junio, por entre unas rocas,
Turban el límpido azul con su juego.)

¿Yace en los brazos un ansia agresiva?
Calladamente resiste el acorde.
(¡Cuánto silencio de mar allá arriba!
Nunca hay fragor que el cantil no me asorde.)

Y se encarnizan los dos violentos
En la ternura que los encadena.
(El regocijo de los elementos
Torna y retorna a la última arena.)

Ya las rodillas, humildes aposta,
Saben de un sol que al espíritu asalta.
(El horizonte en alturas de costa
Llega a la sal de una brisa más alta.)

¡Felicidad! El alud de un favor
Corre hasta el pie, que retuerce su celo.
(Cruje el azul. Sinuoso calor
Va alabeando la curva del cielo.)

Gozo de ser: el amante se pasma.
¡Oh derrochado presente inaudito,
Oh realidad en raudal sin fantasma!
Todo es potencia de atónito grito.

Alrededor se consuma el verano.
Es un anillo la tarde amarilla.
Sin una nube desciende el cercano
Cielo a este ardor. Sobrehumana, la arcilla.

IV

¡Gloria de dos! —sin que la dicha estorbe
Su repliegue hacia el resto de lo oscuro.
En torno de la almohada ronda el orbe,
Vive la flor sobre el papel del muro.

Un cansancio común se comunica
Por el tendido cuerpo con el alma,
Que se tiende también a solas rica,
Ya en posesión de aquella doble calma.

¡Es un reposo de tan dulce peso,
Que con tanta molicie cae, cede,
Se hunde, profundiza el embeleso
De dos destinos en la misma sede!

Hombres hay que destrozan en barullo
Tristísimo su voz y sus entrañas.
Sin embargo, ¿no escuchas el arrullo
Reparador del aire entre las cañas?

¡El aire! Vendaval o viento o brisa,
Resonando o callando, siempre existe
Su santa desnudez. ¿No la divisa
Con los ojos de un dios hasta el más triste?

V

Y se sumerge todo el ser, tranquilo
Con vigor, en la paz del universo,
La enorme paz que da a la guerra asilo,
Todo en más vasta pleamar inmerso.

Irresistible creación redonda
Se esparce universal como una gana,
Como una simpatía de onda en onda
Que se levanta en esperanza humana.

Arroyo claro sobre peña y guijo:
¿Para morir no quieres detenerte?
Amor en creación, en flor, en hijo:
¿Adónde vas sin miedo de la muerte?

Hermoso tanto espacio ante la cumbre,
Amor es siempre vida, sólo vida.
No hay mirada amorosa que no alumbre
Su eternidad. Allí secreta anida.

¡Oh presente sin fin, ahora eterno
Con frescura continua de rocío,
Y sin saber del mal ni del invierno,
Absoluto en su cámara de estío!

Increíble absoluto en esa mina
Que halla el amor —buscándose a lo largo
De un tiempo en marcha siempre hacia su ruina—
A la cabeza del vivir amargo.

Tanto presente, de verdad, no pasa.
Feliz el río, que pasando queda.
¡Oh tiempo afortunado! Ved su casa.
Este amor es fortuna ya sin rueda

Bien ocultos por voces y por gestos,
Agiles a pesar de tanto lazo,
Viven los dos gozosamente opuestos
Entre las celosías de su abrazo.

En la penumbra el rayo no descansa.
La amplitud de la tarde ciñe inmensa.
Bajo el secreto de una luz tan mansa,
Amor solar se logra y se condensa.

Y se yerguen seguros dos destinos
Afrontando la suerte de los días,
Pedregosos tal vez o diamantinos.
Todos refulgirán, Amor, si guías.

¡Sea la tarde para el sol! La Tierra
No girará con trabazón más fuerte.
En torno a un alma el círculo se cierra.
¿Por vencida te das ahora, Muerte?

AQUEL JARDIN

Para mis amigos de aquel Alcázar

Muros.
      Jardín bien gozado
Por los pocos.
          ¡No hay pecado!

Perfección ya natural.
Jardín: el bien sin el mal.

Buen sosiego. No hay descanso.
Tiembla el agua en su remanso.

Tan blanca está esa pared
Que se redobla mi sed.

En más agua la blancura
De la cal se trasfigura.

Fresquísima perfección.
La fuente es mármol y son.

Animal que fuese planta,
El surtidor se levanta.

¡Sílfide del surtidor,
Malicia más que temblor!

Canto en el susurro suena
Si en mi soledad no hay pena.

¿Pena tal vez? A un secreto
De penumbra me someto.

Huele en secreto y me embarga
Con su olor la hoja amarga.

¡Ay! Las dichas me darán
Siempre este olor de arrayán.

Tengo ya lo que no tuve:
Mucho azul con poca nube.

El sol quiere que esta calma
Sea la suprema palma.

Muros.
     Jardín.
          Bien ceñido,
Pide a los más el olvido.

DESNUDO

Blancos, rosas. Azules casi en veta,
    Retraídos, mentales.
Puntos de luz latente dan señales
    De una sombra secreta.

Pero el color, infiel a la penumbra,
    Se consolida en masa.
Yacente en el verano de la casa,
    Una forma se alumbra.

Claridad aguzada entre perfiles,
    De tan puros tranquilos,
Que cortan y aniquilan con sus filos
    Las confusiones viles.

Desnuda está la carne. Su evidencia
    Se resuelve en reposo.
Monotonía justa, prodigioso
    Colmo de la presencia.

Plenitud inmediata, sin ambiente,
   Del cuerpo femenino.
Ningún primor: ni voz ni flor. ¿Destino?
   ¡Oh absoluto Presente!

A VISTA DE HOMBRE

I

La ciudad, ofrecida en panorama,
Se engrandece ante mí. Prometiendo su esencia,
Simple ya inmensamente,
Por su tumulto no se desparrama,
A pormenor reduce su accidente,
Se ahinca en su destino. ¿Quién no lo reverencia?

Así tan diminutas,
Las calles se reservan a transeúntes mudos.
Hay coche
Que trasforma sus focos en saludos
A los más extraviados por su noche.
¡Aceras acosadas! Hay disputas
De luces.
En un fondo de rutas
Que van lejos, tinieblas hay de bruces.

¿Llueve? No se percibe el agua,
Que sólo se adivina en los morados
Y los rojos que fragua
De veras, sin soñar, el pavimento.
Lo alumbran esos haces enviados
A templar en la noche su rigor de elemento,
Las suertes peligrosas de sus dados.

II

Contradicción, desorden, batahola:
Gentío.
Es una masa negra el río
Que a mi vista no corre —pero corre
Majestuosamente sin ornato, sin ola.
En la bruma se espesa con su audacia la torre
Civil.
Infatigable pulsación aclama
—Plenitud y perfil
De luminosa letra—
La fama
Del último portento.
Así brillando impetra
Los favores de todos y del viento:
El viento de las calles arrojadas
A esa ascensión de gradas
Que por la noche suben del río al firmamento.

Muy nocturnas y enormes,
Estas casas de pisos, pisos, pisos
—Con sus biseles en el día incisos
Escuetamente—
Se aligeran. Conformes
Con su cielo resisten, ya tenues, las fachadas
En tantos vanos tan iluminadas.
¡Es tan frecuente
La intimidad de luz abierta hacia lo oscuro:
Esa luz de interior
Más escondido bajo su temblor!
Y late el muro
Sólido en su espesura acribillada
Por claros
De energía que fuese ya una espada

Puesta sólo a brillar.
                              ¿Tal vez hay faros
Que enrojecen las lindes —ya en suburbios— del fondo,
Bajo un cielo rojizo
Sin una sola estrella?
Con mi ventana yo también respondo,
Ancho fulgor, a la ciudad. ¿Quién la hizo
Terrible, quién tan bella?
Indivisible la ciudad: es ella.

III

Sálveme la ventana: mi retiro.
Bien oteada, junta,
La población consuela con su impulso de mar.
Atónito de nuevo, más admiro
Cómo todo responde a quien pregunta,
Cómo entre los azares un azar
A tientas oportuno sirve a los excelentes.
He ahí la ciudad: sonando entre sus puentes.

Mientras, ¡ay! yo columbro, fatigado, la trama
De tanta esquina y calle que a mi ser desparrama,
Laborioso, menudo, cotidiano,
Tan ajeno a mi afán, en lo inútil perdido:
Esta vida que gano
Sin apenas quejido.
¿Solución? Me refugio
Sin huir aquí mismo, dentro de ese artilugio
Que me rodea de su olvido.

IV

Espacio, noche grande, más espacio.
Una estancia remota,
De mí mismo remota en el palacio
De todos, de ninguno. ¿Compañía
Constante,
Soledad? No se agota
Cierta presencia, nunca fría.
¡Oh muchedumbre, que también es mía,
Que también yo soy! No, no seré quien se espante,
Uno entre tantos.
No hay nada accidental que ya me asombre.
(La esencia siempre me será prodigio.)
Es invierno. Desnudos bajo mantos:
El hombre.
¿Tú? Yo también. Y todos.
La confusión, el crimen, el litigio.
¡Oh lluvias sobre lodos!
Gentes, más gentes, gentes. (Y los santos.)
Esta es mi soledad. Y me remuerde:
Soledad de hermano.
El negror de la noche ahora es verde
Cerca del cielo, siempre muy cercano.
¡Cuánto cielo, de día, se me pierde
Si a la ciudad me entrego,
Y en miles de premuras me divido y trastorno,
Junto al desasosiego
De los cables en torno!

Soledad, soledad reparadora.
Y, sin embargo,
Hasta en los más tardíos repliegues, a deshora,
No me descuides, mundo tan amargo
—Y tan torpe que ignora

Su maravilla.
Oh mundo, llena mi atención, que alargo
Sin cesar hacia ti desde esta altura
Que en noche se encastilla,
Así jamás oscura.
Vive en mí, gran ciudad. ¡Lo eres! Pesa
Con tus dones ilustres. El alma crece ilesa,
En sí misma perdura.

                              V

Vencido está el invierno.
La fatiga, por fin, ¿no es algo tierno
Que espera, que reclama
Sosiego en soledad?
                        Y el drama...
Siga en lo oscuro todo.
Básteme ya lo oscuro de un recodo,
Repose mi cabeza.
¡Unica soledad, oh sueño, firme
Trasformación! Empieza
Modestamente el ángel a servirme.
Poco a poco se torna la dureza
Del mundo en laxitud. ¿Es fortuna interina,
Perderé?
              Ganaré. Creciente olvido
Negará toda ruina.
Gran pausa.
                   ¡Cuánto, nuevo!
Y yo despertaré. No será lo que ha sido.
(¿Padecerá en su ayer el malherido?)
Mi existencia habrá hincado sus raíces
En este ser profundo a quien me debo:
El que tan confiado, gran dormir, tú bendices.
Todo, mañana, todo m_ tenderá su cebo.

PARAISO REGADO

Sacude el agua a la hoja
Con un chorro de rumor,
Alumbra el verde y lo moja
Dentro de un fulgor. ¡Qué olor
A brusca tierra inmediata!
Así me arroja y me ata
Lo tan soleadamente
Despejado a este retiro
Fresquísimo que respiro
Con mi Adán más inocente.

PAN

En el pan de tanta miga
—Apretadamente suave—
A más sol de julio sabe,
Dorada quietud de espiga,
La corteza. Siga, siga
Varïando el atractivo
Del festín. Está cautivo
Mi gusto. Bien lo acompaña
—Esencia que fuese entraña—
El pan, el pan sustantivo.

MELENAS

¡Oh melenas, ondeadas
A lo príncipe en la augusta
Vida triunfante: nos gusta
Ver amanecer —doradas
Surgen— estas alboradas
De virginidad que apenas
Tú, Profusión, desordenas
Para que todo a la vez
Privilegie la esbeltez
Más juvenil, oh melenas!

PERFECCION

Queda curvo el firmamento,
Compacto azul, sobre el día.
Es el redondeamiento
Del esplendor: mediodía.
Todo es cúpula. Reposa,
Central sin querer, la rosa,
A un sol en cenit sujeta.
Y tanto se da el presente
Que el pie caminante siente
La integridad del planeta.

HIJA PEQUEÑA

No, no vale ese llanto.
La Creación a dar su poesía empieza.
¡Tú creces! Y con tanto
Paraíso en tu estrépito que la naturaleza
Sola es jardín: tu encanto.

Gracia tan inmediata
De manantial, de luz con arranque de aurora,
De alborada invasora,
De ramo con rocío —¡tú creces!— no enamora
Más, más, más: arrebata.

EL MAR EN EL VIENTO

Aquí, por esta calle el viento llega
Como una dicha que precipitara
La entrega
De sus profundidades cara a cara.
¡Efusión de frescura! No sé adónde
Conduce este contacto
Súbito de un azar.
¡Hondo olor! En el acto
Me exige que recuerde, que lo ahonde.
—Embriágame, viento, profundizo hasta el mar.

AMANECE, AMANEZCO

Es la luz, aquí está: me arrulla un ruido.
Y me figuro el todavía pardo
Florecer del blancor. Un fondo aguardo
Con tanta realidad como le pido.

Luz, luz. El resplandor es un latido.
Y se me desvanece con el tardo
Resto de oscuridad mi angustia: fardo
Nocturno entre sus sombras bien hundido.

Aun sin el sol que desde aquí presiento,
La almohada —tan tierna bajo el alba
No vista— con la calle colabora.

Heme ya libre de ensimismamiento.
Mundo en resurrección es quien me salva.
Todo lo inventa el rayo de la aurora.

YA SE ALARGAN LAS TARDES

Ya se alargan las tardes, ya se deja
Despacio acompañar el sol postrero
Mientras él, desde el cielo de febrero,
Retira al río la ciudad refleja

De la corriente, sin cesar pareja
—Más todavía tras algún remero—
A mí, que errante junto al agua quiero
Sentirme así fugaz sin una queja,

Viendo la lentitud con que se pierde
Serenando su fin tanta hermosura,
Dichosa de valer cuando más arde

—Bajo los arreboles— hasta el verde
Tenaz de los abetos y se apura
La retirada lenta de la tarde.

SU PODERIO

Púdica oscuridad con tanta diva
Que al revelarte quedas en secreto:
De tu amor no será posible objeto
Mi diminuta oscuridad nativa,

Más agravada ahora que me esquiva
La noche de un planeta así discreto.
No habrá de ser mi voz quien alce reto
Ni queja a tanta soledad de arriba.

Sin escucharme, cielo, me sostienes
Y consuelas trazando tus dibujos
Y signos, para mí constelaciones.

Me rige el universo. No hay desdenes
Luminosos de nadie ni son lujos
Las estrellas. ¡Oh luz, de mí dispones!

MUERTE A LO LEJOS

Je soutenais l'éclat de la mort toute pure
                                            VALÉRY

Alguna vez me angustia una certeza,
Y ante mí se estremece mi futuro.
Acechándolo está de pronto un muro
Del arrabal final en que tropieza

La luz del campo. ¿Mas habrá tristeza
Si la desnuda el sol? No, no hay apuro
Todavía. Lo urgente es el maduro
Fruto. La mano ya lo descorteza.

… Y un día entre los días el más triste
Será. Tenderse deberá la mano
Sin afán. Y acatando el inminente

Poder diré sin lágrimas: embiste,
Justa fatalidad. El muro cano
Va a imponerme su ley, no su accidente.

LA VERDE ESTELA

Tan hostil
Es el azul del mar al Infinito gris,

Y con tales
Figuras se responden oleaje y celaje

Que el abismo,
Sensible a una mirada, queda claro y amigo,

Breve y noble
Cuando se ajusta al círculo que traza el horizonte

Si algún barco
Riza su verde estela, capital del espacio.

NENE

Nada sabe.
Y toda su torpeza se convierte en un guante

Que acaricia,
Mientras por todo el cuerpo circula una sonrisa

Que abalanza
Su candor animal como celeste gracia.

¿Hay malicia
Cuando el instinto al vuelo con lo más dulce atina?

¡Qué mirada
La criatura asesta de súbito! Ya manda.

JUNTO A UN BALCON

Por la tarde,
El rayo de sol agudo y preciso, ya amante,

Se detiene
Sobre el lomo de algún volumen visiblemente.

Se ilumina,
Inmensa, la paz. ¿Cómo cabe en la librería?

Y el silencio
De tanta duración humana va tan lejos

Que el instante
Se yergue universal y dorado en la tarde.

ACCION DE GRACIAS

Noche clara, noche nuestra,
Noche que ahondas en cielo
Con luces de caserío
Los follajes de un silencio
Que permanece en el fondo
Del general cuchicheo:
Gracias, noche, que resuelves
Ese mundo que no vemos,
Bajo tus claros de nubes,
En sosiego de misterio.

LOS FIELES AMANTES

Noche mucho más noche: el amor ya es un hecho.
Feliz nivel de paz extiende el sueño
Como una perfección todavía amorosa.
Bulto adorable, lejos
Ya, se adormece,
Y a su candor en isla se abandona,
Animal por ahí, latente.
¡Qué diario Infinito sobre el lecho
De una pasión: costumbre rodeada de arcano!
¡Oh noche, más oscura en nuestros brazos!

SOL CON FRIO

Se derrama en un aire juvenil
Una brisa de frío.

Más juvenil aún,
Jovial,
Resbala el frío sobre el sol mientras yo corro.

A través de clarísima frescura,
Con limpidez en creación me embriago.

La inteligencia es ya felicidad,
Bocanada de gracia
Como un frío de luz —que se respira.

VIRTUD

Tendré que ser mejor: me invade la mañana.

Tránsito de ventura no, no pesa en el aire.
Gozoso a toda luz, ¿adónde me alzaré?
Tránsito de más alma no, no pesa en el aire.

Me invade mi alegría: debo de ser mejor.

HASTA LA SOMBRA

¿Y quién así varía tan umbrío?
¿Es de veras la sombra
Quien me regala en variación su oscuridad,
A punto ya de ser azul
De un ondear marino,
Sin duda verde allí, por esa cala?

¿Es tal vez una siesta con un pájaro
Que se tornasola, recóndito?
¿Quién, quién,
Tan múltiple ocurrente y más umbrío?

ESTIO DEL OCASO

Sobre el terrón, ahora oculto, nieve.
Sobre esa nieve, la invernal carencia,
Algo supremo sustraído al aire
Que se ciñe a la rama,
Tan solitariamente rama aguda.
Y sobre la arboleda —nervio todo y crispándose—
La gran hora del cielo,
Rubores de algún pórfido en boatos
Que se nos desparraman con su estío:
Agresión de esplendor contra la nieve atónita.

UNA SOLA VEZ

Muerte: para ti no vivo.

¿Mientras, aguardando ya,
Habré de ahogarme en congojas
Diminutas soplo a soplo?

Espera.
          ¡Sólo una vez,
De una vez!
                    Espera tú.

¿Ves cómo el hombre persigue,
Por el aire del verano,
Más verano de otro ardor?

Vivo: busco ese tesoro.

LA NOCHE, LA CALLE, LOS ASTROS

Noche fiel, pulsación bien estrellada,
Solicitud total: gobierna el cielo.
Y se ahonda en seguro laberinto
La calle tan sabida que refiere,
Profunda al fin, su límite a los astros.

DESPERTAR

Nada. Tinieblas muelles.
Y de un golpe... ¿Qué, quién?

Restauración por vértigo,
Brusca restauración en aquel bulto
Que estaba así negándose,
Dulcemente dormido.

Negándose. ¿Negado?
Por la memoria alboreada irrumpe,
Vertical y de súbito,
Una abertura hacia el vacío.
¿Es una sima?
Sima... ¿De dónde?
Aquel bulto se siente ser, no está.
Casi ahogándose cae, cae. ¿Cuándo?

Y una angustia, relámpago en albor,
Ilumina el olvido y su desierto.
El atónito cae, se detiene.

Yo. Yo ahora. Yo aquí.
Despertar, ser, estar:
Otra vez el ajuste prodigioso.

RIACHUELO CON LAVANDERAS

Los juncos flotan en el riachuelo,
Que los aguza sobre su corriente,
Balanceados como si avanzasen.

No avanzan. Allí están acompañando,
Verdeamarillos hacia el horizonte,
El rumor de una orilla laboriosa.
    En la masa del agua ya azulada
    Chascan las ropas, de creciente peso
    Bajo aquel ya raudal de un vocerío.

¡Oh riachuelo con flotantes grises
Por el verdor en curso que azulándose
También se esfuerza, todavía alegre!

Rasgueos de cepillos, dicharachos,
Ancha sobre algazara la mañana.
Acierta así la orilla, femenina.
    ¿Se vive arrodillado en las riberas?
    Inclinación forzosa de figura.
    Ese borde está ahí. ¿Tormento el mundo?

Fluvial apenas hacia un oleaje,
Chispeando, sonando, trabajando,
El riachuelo es más: hay más mañana.

MAS VERDAD

I

Sí, más verdad,
Objeto de mi gana.

Jamás, jamás engaños escogidos.

¿Yo escojo? Yo recojo
La verdad impaciente,
Esa verdad que espera a mi palabra.

¿Cumbre? Sí, cumbre
Dulcemente continua hasta los valles:
Un rugoso relieve entre relieves.
Todo me asombra junto.

Y la verdad
Hacia mí se abalanza, me atropella.

Más sol,
Venga ese mundo soleado,
Superior al deseo
Del fuerte,
Venga más sol feroz.

¡Más, más verdad!

II

Intacta bajo el sol de tantos hombres,
Esencial realidad,
Te sueño frente a frente,
De día,
Fuera de burladeros.
.Eres tú quien alumbra
Mi predisposición de enamorado,
Mis tesoros de imágenes,
Esta mi claridad
O júbilo
De ser en la cadena de los seres,
De estar aquí

El santo suelo piso.
Así, pisando, gozo
De ser mejor,
De sentir que voy siendo en plenitud,
A plomo gravitando humildemente
Sobre las realidades poseídas,
Soñadas por mis ojos y mis manos,
Por mi piel y mi sangre,
Entre mi amor y el horizonte cierto.

Son prodigios de tierra.

SANTO SUELO

Tarde, por fin, querida en su entereza:
He aquí la ventura.
Todo aflora al nivel de este apogeo
Tranquilo:
Nosotros con la tarde.

Dentro de nuestra calma,
Frente al cristal, ahí,
Las ramas de un arbusto en vibración
Continua
Van ondeando en sombra y sol los verdes
Movidos de sus hojas,
Aun sin brisa ondeantes.

El momento no acaba.
Sobre su propia cima permanece,
Visible, soleado.

Yerra el son del follaje entre los ruidos:
Tren ensordecedor, raptor en rachas,
Roncos deslizamientos —o silbantes—
De la Velocidad
En su perpetuo coche,
Ya siempre arrebatado por la ruta
Sin meta

Así, bajo los ruidos se acomoda
Nuestro sosiego nunca silencioso,
En la orilla de todas las corrientes.

Muy cerca pasa todo,
Todo nos pone sitio a esta ventura:
Amor
A través de tanteos muy difíciles,
Por fin
Eminencia clarísima del tiempo,
En andas
De su afán, de su empuje.

¿Llantos habrá fatales,
Humilde la tarima,
A nuestros pies la nada?

Es la misma tarima que sostiene
Como si fuera mármol
El peso de este amor
Siempre tendido a un goce
De incesante retorno,
Final ajuste fatalmente exacto,
Fatalmente en su punto de prodigio.

¿Amor jamás perfecto?
En creación amor, si cotidiano,
Renaciente de toda realidad:
Lunes, martes, etcétera.
Preciosísimo etcétera discorde,
También apoyo y realidad continua,
Suelo por donde voy,
Santo suelo de tierra.

Amor, amor aquí,
Pesando
Con su volumen grave,
Ya forma de ventura.
¿Se ve nuestra ventura? Con nosotros
Está,
Viva como esa flor sobre aquel agua,
Viva como la hoja
Que en el alto ramaje se platea,
Oscuro el resto alrededor del tronco
Sombrío.

También aquel arbusto
Se complace en las horas y susurra
—Aunque la brisa apenas se insinúe—
Entre aquellos rumores:
Borrascas por carriles,
Otra vez el desliz
Fugaz,
Tintineos, crujidos

Sobre un fondo asordado que trasforma
Su tropel de murmullos
En una discreción de compañía.

Aquí mismo al acecho
Puede crecer el cardo.
Una arena de duna,
O —peor— de un desmonte sin campiña,
Puede yacer ahí,
Siempre ignota quizá
Bajo un sosiego tan favorecido,
A la luz o en la sombra
De la tarde, que tiembla hacia el arbusto
Con un aura batiente de trajín
Y tránsito.

¿Quién, pues, entre nosotros
Niveló este sosiego
Como una superficie que se palpa?
¿Tu voluntad, mi voluntad, adrede?
¿O el Amor ya creado, con sus fuerzas
Ante nosotros vivo,
Sin cesar resurgiendo
De más profundidad
Activa?

La tarde en su entereza: su ventura.
Y dentro de la tarde,
¿Nosotros?
Tú nos creas, Amor, tú, tú nos quieres.

HE AQUI LA PERSONA

He aquí la persona:
   De una pieza.
Íntegra un alma entona
   Su cabeza.

Ardió en los ojos brío
   Dulcemente.
Nariz con señorío,
   Voz valiente.

Y su ardor violento
   Quiso, pudo
Siempre acatar agudo
   Pensamiento.

¡Qué pasión en lo humilde
   Cotidiano,
Qué primores de mano
   Por la tilde!

Melancólicamente
   —Dios o nada—
Más pedía a la gente
   La mirada.

Voluntad incesante
   Contra infierno,
Todas las horas ante
   Cielo eterno.

« ¿El vivir sin cadena
        Ya es delito?,
La libertad ajena
        Necesito.»

Y siempre dando, noble,
        Se exigía:
«Que nada en sombra fría
        Se desdoble.»

No fue posible para
        Su sosiego
Negar la luz de fuego
        Que alumbrara.

Madre en toda su ayuda,
        Ya no era
Sino la que no muda:
        Verdadera.

¡Esfuerzo puro! Nada
        Lo pregona.
He ahí, consumada,
        La persona.

RACIMO

I

Hermosura del agua presentada:
Agua en cristal,
El agua presentada por el supremo afín.
Ornato, no. Cristal —y el agua.

II

Rojizo violeta, azulándose aún,
Va en busca de amaranto.
En el agua interiores, esas uvas —felices,
Remotas ya,
Felices alejándose—
Gravitan, se ensimisman, submarinas.

Rojizo violeta...

¡Oh país submarino!
Coral del estupor, extrema flora
De una felicidad y retirándose,
De pronto insostenible, vespertina.
Y espesor de silencio
Compartido por peces incansables.

Rojizo violeta, azulándose aún,
Va en busca de amaranto.

¡Amaranto! Redondos paraísos
Herméticos,
Siempre ahogándose un poco,
Submarinos, sobrecelestes,
En horas demasiado vespertinas,
Demasiado süaves con orlas y murmullos.

Rojizo violeta
Va en busca...

¡No, no!
No tanto paraíso para un ser no sagrado.
El amaranto, no.

¡Aire de mar a tierra!

III

En la mano el racimo generoso
Responde,
Tiernamente hacia mí se redondea,
Denso de un zumo que ya aguarda:
Practicable armonía,
Optimo otoño.

LAS CUATRO CALLES

Se anudan cuatro calles:
Culminación hacia un vivir más fuerte.
Nunca, ciudad, acalles
Su inquietud. Es tu centro
De suerte.
Oh lucha en el bullicio,
Que precipita dentro
De tanta confusión tanto servicio
Sonriente: mirada
Que al pasar ya es entrada
Graciosa hacia una vida,
Frase tal vez oída
Por aquel transeúnte que disfruta,
Risueño,
De aquella diminuta
Variación del espíritu sin dueño,
Tornasol de un encanto
Que es aire. No hay batuta
Que dirija esta orquesta
Desordenada. ¡Cuánto
Murmullo ahora presta
Bastante fondo al grito,
Que no se pierde suelto!
Orbe en su batahola pero nunca maldito,
A gusto en este ambiente

Por un final de buena tarde envuelto,
Que ilumina su caos con dorados
Grises entre dos luces. El poniente
No dice un grave adiós sobre arreboles.
El sol, tras los tejados,
—Visible frente a frente
Como luna amarilla—
Concluye en polvareda
De soles.
Una capota de carruaje brilla
Con suavidad de seda,
Y el más terso dominio límpidamente rueda.
¡Oh triunfo! Sin embargo,
La atmósfera comparte su dulzura con todos.
¿Por qué en algunos hombres tanto silencio amargo
Que delata el semblante?
La paz es ya tangible. No hay cómplices recodos
Hacia la disidencia. ¡Paz triunfal y adelante!
Coches, más coches con deslizamiento
Que somete a sordina
Su victorioso acento.
Ahora se impacienta una bocina:
Toda su voz insiste.
¿Se ha roto el equilibrio en un segundo?
Bajo la tarde, triste
Quizá por dentro, ¿cómo será el mundo?
Mundo en esencia late, fabuloso,
Mientras ¡ay! la ciudad
Y sus torres mantienen contra el tiempo su acoso.
Palpita una verdad
Entre accidentes, ruidos
Y males,
Peleas y dineros.
Hasta los arreboles van heridos
Por terribles caudales
De números con ceros,
Los ceros de esos hombres.
¡Esos! Por estas calles transitan y sus nombres
No ocultan. Vedlos. ¡No, ningún sonrojo!

Alguien arriba, desde su ventana,
Ve derretirse un horizonte rojo.
¿Realidad suntuosa? Cotidiana

Como esa realidad que va pasando a pie.
Todo está conviviendo con aquella veleta.
Destino: cae el sol. Una campana
Profundiza, completa
La fe
De algunos en la tarde sobrehumana.
Se extiende por las nubes una veta
De grana,
Que también a la calle favorece. Balcones
Hay felices sabiendo de ese ocio
Flotante. Para todos se platea
Su dorado esplendor con variaciones
Más grises cada vez. Hasta el negocio
Da en los escaparates relieve de presea
Ya mágica a su exceso.
¡Oh posibles caprichos
Frente a la luz final de un embeleso!
Idolos en sus nichos
Esperan un espacio
Más libre.
Que inocente en cristales de palacio
Con más ardor aún el crepúsculo vibre.
Ya esa mano entrevista realza su topacio:
Topacio con influjo en la belleza
Tan difusa que entona
Traje, velo, persona.
¡Ay! Varonil, tras ella irá un suspiro
Con su noche. La noche amante empieza
De soslayo a dar giro
De intimidad cuchicheada al fondo,
Más denso
De espera sostenida.
Sin duda viene orondo
Con su jinete algún caballo de fino pienso,
Relajada la brida.

... Y la noche está ahí —bajo el inmenso
Futuro, de tëmblor tan inmediato.
Apasionadamente va la vida,
Aunque retenga aquí su profundo arrebato
Perpetuo. ¡Calles en el quid del cruce!
Vaga por la ciudad una zozobra
De luz que estremecida sobre lo oscuro luce.
Escuchad al tal vez clarividente gato
Que en un balcón recobra,
Clamante, ya muy lejos, su soledad de fiera.
Pero ese transeúnte, sin ningún otro al lado,
En orden por su acera,
¿Dolorido no va
También, más acosado
Quizá?
Orden. ¡En orden! Bandas, rutilantes metales.
Por entre los orgullos callejeros
Se adivinan latentes los redobles marciales.
¡Aceros!
Hay tanta brillantez que es ya siniestra.
Ni la brisa lo ignora.
Ante todos se muestra
La Oquedad, ay, rectora.
Nada al fin. Y en el pecho,
Una angustia común
A todos, reunidos a orillas de la nada.
Este mundo del hombre está mal hecho.
¿Azar al buen tuntún,
Error
Sutil que en más desorden se degrada?
Dura en las cuatro calles un rumor
Tenaz que persistiendo, convincente,
Resiste.
Bajo tanto accidente
Discorde, torvo, triste,
Continúa el rumor sonando bajo el cielo,
Tiranía también, y admirable: no miente.
¡Vivo soplo inmortal, feroz anhelo!

PRESAGIO

Eres ya la fragancia de tu sino.
Tu vida no vivida, pura, late
Dentro de mí, tictac de ningún tiempo.

¡Qué importa que el ajeno sol no alumbre
Jamás estas figuras, sí, creadas,
Soñadas no, por nuestros dos orgullos!
     No importa. Son así más verdaderas
     Que el semblante de luces verosímiles
     En escorzos de azar y compromiso.

Toda tú convertida en tu presagio,
Oh, pero sin misterio. Te sostiene
La unidad invasora y absoluta.

¿Qué fue de aquella enorme, tan informe,
Pululación en negro de lo hondo,
Bajo las soledades estrelladas?
     Las estrellas insignes, las estrellas
     No miran nuestra noche sin arcanos.
     Muy tranquilo se está lo tan oscuro.

La oscura eternidad ¡oh! no es un monstruo
Celeste. Nuestras almas invisibles
Conquistan su presencia entre las cosas.

PLAZA MAYOR

Calles me conducen, calles.
¿Adónde me llevarán?

A otras esquinas suceden
Otras como si el azar
Fuese un alarife sabio
Que edificara al compás
De un caos infuso dentro
De esta plena realidad.

Calles, atrios, costanillas
Por donde los siglos van
Entre hierros y cristales,
Entre más piedra y más cal.

Decid, muros de altivez,
Tapias de serenidad,
Grises de viento y granito,
Ocres de sol y de pan:
¿Adónde aún, hacia dónde
Con los siglos tanto andar?

De pronto, cuatro son uno.
Victoria: bella unidad.

LAS DOCE EN EL RELOJ

Dije: Todo ya pleno.
Un álamo vibró.
Las hojas plateadas
Sonaron con amor.
Los verdes eran grises,
El amor era sol.
Entonces, mediodía,
Un pájaro sumió
Su cantar en el viento
Con tal adoración
Que se sintió cantada
Bajo el viento la flor
Crecida entre la mieses,
Más altas. Era yo,
Centro en aquel instante
De tanto alrededor,
Quien lo veía todo
Completo para un dios.
Dije: Todo, completo.
¡Las doce en el reloj!

EL CIELO QUE ES AZUL

FESTIVIDAD

La acumulación triunfal
En la mañana festiva
Hinche de celeste azul
La blancura de la brisa.

¡Florestas, giros, suspiros
En islas a la deriva!
Pies desnudos trazan vados
Entre todas las orillas
Que Junio fomenta, verdes,
Liberales y garridas.
Y los aros de los niños
Fatalmente multiplican
Ondas de gracia sobrante,
Para dioses todavía.
¡Tanta claridad levantan
Las horas de arena fina!
Los enamorados buscan,
Buscan una maravilla.
¡Qué bien por el río bogan!
¡Al mar! Ya el mar los hechiza.
Pero los cielos difusos
Luces agudas enviscan.
Caballos corren, caballos
Perseguidos por las dichas.
¡Vientos esbeltos! Sus ángeles,
Que un frescor de costa guía,
Aman a muchachas blancas,
Blancas, pleamar divina.
Pleamar también del mar,
Corvo de animal delicia:
Obstinación de querencia,
Turnos de monotonía,
Pero en ápice de crisis
Que tiende choques en chispas
Al azul, aunque celeste,
Vivacísimo en la brisa.
¡Júbilo, júbilo, júbilo!
Y rinde todas sus cimas
—Fuerza de festividad—
Todo el resplandor del día.

REDONDEZ

Restituido a su altura
Más cóncava, más unida,
Sin conversiones de nubes
Ni flotación de calina,
El firmamento derrama,
Ya invasor, una energía
Que llega de puro azul
Hasta las manos ariscas.
Tiende el puro azul, el duro,
Su redondez. ¡Bien cobija!
Y cabecean los chopos
En un islote de brisa
Que va infundiendo a la hoja
Movilidad, compañía,
Situadas, penetradas
Por el mismo azul de arriba.
Azul que es poder, azul
Abarcador de la vida,
Sacro azul irresistible:
Fatalidad de armonía.

ARDOR

Ardor. Cornetines suenan,
Tercos, y en las sombras chispas
Estallan. Huele a un metal
Envolvente. Moles. Vibran
Extramuros despoblados
En torno a casas henchidas
De reclusión y de siesta.
En sí la luz se encarniza.
¿Para quién el sol? Se juntan
Los sueños de las avispas.
¿Quedará el ardor a solas
Con la tarde? Paz vacía,

Cielo abandonado al cielo,
Sin un testigo, sin línea.
Pero sobre un redondel
Cae de repente y se fija,
Redonda, compacta, muda,
La expectación. Ni respira.
¡Qué despejado lo azul,
Qué gravitación tranquila!
Y en el silencio se cierne
La unanimidad del día,
Que ante el toro estupefacto
Se reconcentra amarilla.
Ardor: reconcentración
De espíritus en sus dichas.
Bajo Agosto van los seres
Profundizándose en minas.
¡Calientes minas del ser,
Calientes de ser! Se ahincan
Se obstinan profundamente
Masas en bloques: canícula
De bloques iluminados,
Plenarios, para más vida.
Todo en el ardor va a ser,
Amor, lo que más sería.
¡Ser más, ser lo más y ahora,
Alzarme a la maravilla
Tan mía, que está aquí ya,
Que me rige! La luz guía.

NIVEL DEL MAR

LA SALIDA

¡Salir por fin, salir
A glorias, a rocíos
—Certera ya la espera,
Ya fatales los ímpetus—
Resbalar sobre el fresco
Dorado del estío
—¡Gracias!— hasta oponer
A las ondas el tino
Gozoso de los músculos
Súbitos del instinto,
Lanzar, lanzar sin miedo
Los lujos y los gritos
A través de la aurora
Central de un paraíso,
Ahogarse en plenitud
Y renacer clarísimo,
—Rachas de espacios vírgenes,
Acordes inauditos—
Feliz, veloz, astral,
Ligero y sin amigo!

PLAYA

(NIÑOS)

Este sol de la arena
Guía manos de niños,
Las manos que a las conchas
Salven de los peligros.

Conchas bajo la arena
Tienden hacia los niños,
Niños que ya hacia el sol...
Pero el sol rectilíneo
Viene. Los rayos, vastos
Arriba, tan continuos
De masa, deslizándose
Llegan aunque sus visos,
Sin cesar rebotando
De ahincos en ahincos
De ondas, se desbanden.
Aquí, por fin, tendidos
Se rinden a las manos
Más pequeñas. ¡Oh vínculos
Rubios! Y conchas, conchas.
Acorde, cierre, círculo.

ARENA

Retumbos. La resaca
Se desgarra en crujidos
Pedregosos. Retumbos.
Un retroceso arisco
Se derrumba, se arrastra.
¡Molicie en quiebra, guijos
En pedrea, tesón
En contra! De improviso,
¡Alto!
          ¿Paz?
                    Y una ola
Pequeña cae sin ruido
Sobre la arena, suave
De silencio. ¡Qué alivio,
Qué sosiego, silencio
De siempre, siempre antiguo!
Porque Dios, sin edad,

Tiene ante sí los siglos.
Sobre la arena duran
Calladamente limpios.
Retumbe el mar, no importa.
El silencio allí mismo.

PLAYA

(INDIOS)

Conchas crujientes, conchas,
Conchas del Paraíso.
Las descubren, perdidas
Para los dioses, indios.
Entre arenas los llaman
Tornasoles amigos.
¡Cómo fulgen y crujen
Conchas, arenas, indios,
Todos a una, voces
Ondeadas con visos!
En ondas van y crecen
Apogeos, dominios
Y la fascinación
Triunfante de los indios.
¡Oh triunfos! Y se comban
En un vaivén. ¡Oh tino!
De la prisa al primor,
Del primor al peligro.
Y lanzan vivas, vivas
Refulgentes, los indios.

OLEAJE

Pulsación de lo azul:
Desnudez en activo.
Un aleteo blanco
Se vislumbra, latido

De frescor en relumbre,
Por entre arranques vivos
—Sí, gozan— á compás
De un pulso. No hay abismo.
¡Cuánto sol, sol y yo!
Nuestro el poder. ¡Qué brincos!
Alegrías de peces
Saltan sobre los riscos
—Soy, soy, soy— de una crisis
De cima en vocerío.
Cárdenos ya, los verdes
Se atropellan. Perdidos
Los aleteos. Fugas
Ya planas.

         ¿El abismo
Tal vez?

           Vuelve la espuma:
Rotación de dominio.

MESETA

¡Espacio! Se difunde
Sobre un nivel de cima.
Cima y planicie juntas
Se acrecen —luz— y vibran.
¡Alta luz! Altitud
De claridad activa.
Muchedumbre de trigos
En un rumor terminan,
Trigo aún y ya viento.
Silban en la alegría
Del viento las distancias.
Soplo total palpita.
Horizontes en círculo

Se abren. ¡Cuántas pistas
De claridad, tan altas
Sobre el nivel del día,
Zumban! ¡Oh vibración
Universal de cima,
Tránsito universal!
Cima y cielo desfilan.

CLAMOR

TIEMPO DE HISTORIA

EL ACORDE

I

La mañana ha cumplido su promesa.
Arboles, muros, céspedes, esquinas,
Todo está ya queriendo ser la presa
Que nos descubra su filón: hay minas.

Rumor de transeúntes, de carruajes,
Esa mujer que aporta su hermosura,
Niños, un albañil, anuncios: viajes
Posibles... Algo al aire se inaugura.

Libre y con paz, nuestra salud dedica
Su involuntario temple a este momento
—Cualquiera— de una calle así tan rica
Del equilibrio entre el pulmón y el viento.

Historia bajo el sol ocurre apenas.
Ocurre que este viento respiramos
A compás de la sangre en nuestras venas.
Es lo justo y nos basta. Sobran ramos.

Modestamente simple con misterio,
—Nada resuena en él que no se asorde—
Elemental, robusto, sabio, serio,
Nos ajusta al contorno el gran acorde:

Estar y proseguir entre los rayos
De tantas fuerzas de la amparadora
Conjunción, favorable a más ensayos
Hacia más vida, más allá de ahora.

No hay gozo en el acorde ni se siente
Como un hecho distinto de la escueta
Continuación de nuestro ser viviente:
Gracia inmediata en curso de planeta.

II

Acorde primordial. Y sin embargo,
Sucede, nos sucede... Lo sabemos.
El día fosco llega a ser amargo,
Al buen remero se le van los remos,

Y el dolor, por asalto, con abuso,
Nos somete a siniestro poderío,
Que desgobierna al fin un orbe obtuso
De hiel, de rebelión, de mal impío,

Origen de la náusea con ira,
Ira creciente. Polvo de una arena
Cegadora nos cubre, nos aspira.
Y la mañana duele, no se estrena.

Surge el ceño del odio y nos dispara
Con su azufre tan vil un arrebato
Destructor de sí mismo, de esa cara
Que dice: más a mí yo me combato.

¡Turbas, turbas! Y el mal se profundiza,
Nos lo profundizamos, sombra agrega
De claroscuro a grises de ceniza,
Alza mansión con pútrida bodega.

¿Es venenoso el mundo? ¿Quién, culpable?
¿Culpa nuestra la Culpa? Tan humana,
Del hombre es quien procede aún sin cable
De tentador, sin pérfida manzana.

Entre los males y los bienes, libre,
Carga Adán, bien nacido, con su peso
—Con su amor y su error— de tal calibre
Que le deja más claro o más obseso.

Sin cesar escogiendo nuestra senda
—Mejor, peor, según, posible todo—
Necesitamos que se nos entienda:
Nuestro vivir es nuestro, sol por lodo.

Y se consuma el hombre todo humano.
Rabia, terror, humillación, conquista.
Se convence al hostil pistola en mano.
Al sediento más sed: que la resista.

Escuchad. Ya no hay coros de gemidos.
Al cómitre de antigua o nueva tralla
No le soportan ya los malheridos.
Y con su lumbre la erupción estalla.

Una chispa en un brinco se atraviesa
Desbaratando máquina y cortejo.
Mugen toros. El mundo es su dehesa.
Más justicia, desorden, caos viejo.

III

Pero el caos se cansa, torpe, flojo,
Las formas desenvuelven su dibujo,
Acomete el amor con más arrojo.
Equilibrada la salud. No es lujo.

La vida, más feroz que toda muerte,
Continúa agarrándose a estos arcos
Entre pulmón y atmósfera. Lo inerte
Vive bajo los cielos menos zarcos.

Si titubea tu esperanza, corta,
Y tus nervios acrecen la maraña
De calles y de tráfagos, no importa.
El acorde a sí mismo no se engaña.

Y cuando más la depresión te oprima
Y más condenes tu existencia triste,
El gran acorde mantendrá en tu cima
Propia luz esencial. Así te asiste.

Con el sol nuestro enlace se renueva.
Robustece el gentío a su mañana.
Esa mujer es inmortal, es Eva.
La Creación en torno se devana.

Cierto, las horas de caricia amante,
Y mientras nos serena su rosario,
Trazan por las arrugas del semblante
Caminos hacia el Fin, ay, necesario.

Nuestra muerte vendrá, la viviremos.
Pero entonces, no ahora, buen minuto
Que no infectan los débiles extremos.
Es todavía pronto para el luto.

Al manantial de creación constante
No lo estancan fracaso ni agonía.
Es más fuerte el impulso de levante,
Triunfador con rigores de armonía.

Hacia el silencio del astral concierto
El músico dirige la concreta
Plenitud del acorde, nunca muerto,
Del todo realidad, principio y meta.

TREN CON SOL NACIENTE

El vagón es silencio que un bufido
Permanente en sus ráfagas preserva.
Las ráfagas ignoran el aire allí servido:
Suma que unos pulmones
Entre sí muy remotos
Van reduciendo a sierva
Comunidad de tren. A borbotones
Se precipitan ruidos preñados de alborotos,
Que la rueda incesante
Muele y confunde.
                    ¿Sol? Un haz.
                              Levante.

El foco en abanico de los rayos
Surge de un horizonte que no cierra
Su doblez ni es final de comba o cielo.
Un tumulto de mayos
Multiplica una sierra
De metales en erupción, en celo,
En furia derramada por el mundo ya verde,
Ya radiante y sonante. Bosques, trigos
Y prados,
Cuerpos con ansiedad que no se pierde,
Testigos
Felices de así ver:
Entonces son. Y tan privilegiados
Que les basta su ser.
¡Alerta!
Siempre la luz nos llama.
El vagón se despierta
Poco a poco. Principian los semblantes
A recibir destellos del programa
Solar

Comunicando está sus virtudes cambiantes
Para que de tan lejos puedan ya retornar
Todos los tan sumidos
En sus propios olvidos.

Se mueve un pie, tan alto en el asiento
De enfrente
Que su nación declara
Más aún que esa cara
Curtida al sol y al viento
Militares. Valiente
Con bastante inocencia, se recobra.
Sin querer un recuerdo le envuelve y tararea
Casi una canción. ¿Cuál? Hay músicas de sobra
Siempre en el fondo oscuro. No, no renace fea
La canción muy sabida.
Oh, it's a long, long while
From May to December,
But the days grow short
When you reach September...
La nostalgia remueve los trances de más vida.

Bien esculpido rostro varonil:
Un vigor de corteza
Que fuese dura piel
De toro estupefacto en el toril
Abierto. La sonrisa ya empieza
Con su inocente luz a suavizar aquel
Bulto que aún se ignora:
Negro inocentemente
Negro en su soledad. Todavía la hora
Blanca, civilizada
Tal vez, no le degrada.
Sin malicia este sol: no lo consiente.

Aquella criatura, sin malicia
También, no se despierta aún, resiste
Desde su sueño mismo como Alicia
Desde el país quizá no más extraordinario.

¿Por qué estaría triste
Si aguarda su «birthday», su aniversario,
Que será el quinto o sexto?
Este sol la acaricia
Sin abrir sus miradas hacia el inútil resto.

Más luz. Un español se despereza.
Aurora:
Por fibras de energía difunde su belleza.
Despertar, recordar... Una imagen aflora
De la estancia en París
Aquel
Verano. Deliciosa, la imagen. ¡El «Hôtel
De l'Univers et du Portugal»! De Portugal
Ilustre y no «país
Pequeño», todavía con grandeza imperial.

Muchacha. Despertándose apenas, instintiva,
Ya dirige sus manos, y con tino,
A sus cabellos casi en orden. Fino
Rojo de barra aviva
Los labios, más gentiles y así menos desnudos.
A un señor con los ojos cerrados —dos escudos
Que guardan noche y sueño—
Le envuelve un cigarrillo, sin embargo,
Entre sus vaguedades. La jornada
—Bajo el humo inicial— presenta un ceño
Que promete excluir lo más amargo.
Sentirse errante por la orilla agrada.

Mira el reloj, muy seria,
Una señora. Contra la miseria
(Birth Control Association) va su lucha
De ciudad en ciudad. Un mozalbete escucha
Su radio, que al oído le precipita mucha
Batahola de feria.

Batahola de pista
Circense nunca falta. ¡Cuánto vario pelaje!
Más de una solterona, tres marinos,
Un mozo bien barbado, probablemente artista,
Un francés sin mirada hacia el paisaje,
—Ah, les États Unis, rien à voir, rien à voir!—
Dos torvos y robustos con manos de asesinos...
El mundo es un vagón. Interminable lista,
Cuento de no acabar,
Confuso, baladí, maravilloso,
De tan espeso poso
Bajo formas ligeras
Que trascurren juntando sus premuras
En el mismo bisel de sus fronteras,
Más amigadas cuanto más impuras.

Entre dos vidas próximas no hay más que algún abismo.
Tras el perfecto acorde la disonancia embiste,
Y llega a un paroxismo
Que ha de absorber, por fin, la luz del día.
¿No es placentero estar un poco triste?
Se embrollan los conflictos bajo la paz más fría:
Maremágnum veloz como un estruendo
De tren.
Y el tren hacia su meta lanzándose, corriendo
—Mirad, escuchad bien—
Acaba por fundirse en armonía,
Por sumarse, puntual, sutil, exacto,
Al ajuste de fuerzas imperiosas,
Al rigor de las cosas,
A su final, superviviente pacto.

ADORACION DE LA CRIATURA

Nuestra Isabel, tan chiquita,
A bailar se precipita.
      Y alza una voz que no espera:
      ¡Yo traigo la primavera!

Y por el rayo de sol
Va la gracia en español.

Al conjuro de Isabel
Febrero cambia de piel,

Se ve a través de un cristal
Que no transparenta el mal,

Y se adelanta hacia Abril
Hasta el menor perejil.

¡Cuántos pájaros en nido!
Música ya como ruido.

Y el baile se desaliña:
Isabel, si diosa, niña.
      Un paraíso está ileso.
      Adoración, embeleso.

...QUE NO

Edificios y gentes, la premura, la calma,
La arista de la esquina, todo está asegurado.
Negociantes colmenas, de vidriados alvéolos
En grises muros lisos como láminas límpidas,
Vertical de un vigor sin vértigo suspenso,
Todo está asegurado contra el mal y sus duendes.
Los cruces en que el tiempo palpita, verde o rojo,
Dóciles peatones, coches entre rumores,
Todo está asegurado. Y... ¿quién es el hostil?
(Grupos de silenciosos en lóbregas tabernas
Miran y escuchan raudos movimientos de imágenes.)
A los negros sonoros con una voz caliente
De niño envejecido que sonríe temiendo,
A las mujeres, fausto de rubias clamorosas
Donde el cabello es júbilo que la piel abalanza,
A toda la ciudad, a su carne y su piedra,
¿Quién está amenazando mientras promete glorias
De jardín en retiros de cielos asequibles?
(Tensión de una riqueza por la tensión de todos.
Triunfa una voluntad ilimitada siempre.)
Pero ¿será posible? Atómicos suicidas,
Más aseguradores, quisieran arrojarse
Desde el último piso de la Mansión al suelo.
—Posible sí sería. —... Que no. —Tal vez. —¡No, no!

RUINAS CON MIEDO

No, no es posible recoger todos los escombros. Hay dema-
siados. Y así quedan entre el horror de la luz y una vida
cotidiana.

La ciudad se sobrevive esforzándose frente a la quietud de
las piedras, sacadas de quicio y de juicio a nivel del gran
tormento humano.

Públicos esqueletos aún guardan fibrillas vivientes. ¿Volverán a volar los enviados de la Razón con sus alas de Ar-
cángel providencial?

Y entre las formas intactas, que al azar (alguien no hombre) salvó, todavía duele a tanta resquebrajadura aquel
paso de los monstruos.

Los monstruos han pasado. ¡Pasado! Se nubla el aire en
que sufren las paredes mutiladas. ¿Volverán los monstruos?

Hórridas ruinas sin belleza. Ruinas con el temor de no ser
ni su angustia, junto al filo infernal que dispone el Ar-
cángel.

LOS INTRANQUILOS

Somos los hombres intranquilos
    En sociedad.
Ganamos, gozamos, volamos.
    ¡Qué malestar!

El mañana asoma entre nubes
    De un cielo turbio
Con alas de arcángeles-átomos
    Como un anuncio.

Estamos siempre a la merced
    De una cruzada.
Por nuestras venas corre sangre
    De catarata.

Así vivimos sin saber
    Si el aire es nuestro.
Quizá muramos en la calle,
    Quizá en el lecho.

Somos entre tanto felices.
    Seven o'clock.
Todo es bar y delicia oscura.
    ¡Televisión!

PUEBLO SOBERANO

Plaza llena, vocerío
Solar, fusión de gentío.
    Público en tarde redonda
    No es masa que el alma esconda.

Sobre la arena está el drama.
¿A quién vencedor proclama?

Un silencio. Se condensa
Callando la tarde intensa.

Lo rojo aguarda o se mueve,
Sutil, gallardo y aleve.

Tal muchedumbre es ya mole.
Todo se junta en un ¡ole!

Por fin, ovación. Muy bien.
Suena un silbido. ¿De quién?

Público en tarde redonda
No es masa que el alma esconda.
    Aplausos. Gritos. ¿Oreja?
    La unanimidad se aleja.

MUCHACHA EN CAPRI

Versión hablada
del preludio para piano
LA JEUNE FILLE QUI ABOYA À CAPRI

Aquellas vacaciones europeas se extendieron hasta las últimas islas de cabras, hasta los arenales y oleajes del capricho.

¡Oh Capri de cristal en el calor, con el azul batido por el rayo y el remo, todos solares y felices de Agosto juvenil!

Capri culmina —cúpulas, torres, brillos— en esa ociosa muchacha tan flotante o volante que es una América del futuro.

Nadie con más ganas hablaría latín a las piedras de Imperio: un latín que aún estuviesen revelando Nueva York, Princeton.

Esa es, ya fatigada de nadar entre nubes, de abrazarse a deseos, de tenderse a lo largo de su indolencia sin dejar de querer.

Ha caído la noche con más noche sobre las callejas, así más antiguas. La muchacha va como perdiéndose.

A solas entonces, nocturna, se dirige a quienes comprenden un lenguaje más incógnito que un posible latín no revelado.

Y se pone a... ladrar, y de modo perfecto, con fuerza modulada: clemente don, cómplice de muchas sombras, acaso hostil a las figuras.

Y se enlazan humanamente más y más ladridos bajo aquella noche nada cínica, que recubre su desamparo y se agolpa en respuestas.

La mañana preside, guau guau fraternos, la
noche de los canes profundos, caprichos entre
constelaciones, Capri celeste
¡Capri, Capri!

TREBOLES

Pálida luz por las rendijas.
Dulce expectación en silencio.
Sea, sol, lo que tú me elijas.

Nubes. Del amanecer
Van surgiendo plateadas.
Sean las frescas entradas
En hoy para el fiel ayer.

Todo se me ha revelado:
Primavera de verdad
La hermosura forma Estado.

Ese momento de la orilla
Con follajes hacia una barca
De vela en su tarde amarilla
¡Cuánta ya eternidad abarca!

¡Comparación, Nuestra Señora: NUESTRA SEÑORA
Convierte en mundo esos objetos,   DE
Entre los más aislados mora!   COMPARACION

Lloraba una criatura.
Y en el día, tan hermoso,
Brilló la existencia impura.

Moscas, moscas en tropel,
Moscas de estiércol y estío
Que os solazáis por mi piel:
¡Viva el cortesano frío!

Cristiano autobús. Un negro.
Sin mirar se le respeta.
De ser cristiano me alegro.
(Vedle: soledad completa.)

¿Tus obras son inferiores
Siempre a ti mismo? Narciso:
Obras-hijas son amores.

—Salud: bien primero en mi lista.
—Nota. «Con imaginación
Donde al fin el prójimo exista.»

LLEGADA   ¡Adiós al mar, adiós al barco,
AL PUERTO Adiós a los ocios marinos,
Suspensión de nuestros destinos,
Flechas aquí del cielo en arco!

Dulce retorno del viaje.
Mi casa me ofrece ahora
Más de lo que a ella traje.

Fin del mundo. Grey doliente.
De pronto una insinuación:
Rodilla en seda ascendente.
¡Gracia de resurrección!

Fracasada, mi noche es tedio.
Está formándose un vacío.
Pesa, crece. Sufro su asedio.

Y si algún cataclismo se fraguase
Por entre los redobles de los truenos
Sobre nuestras cabezas inocentes...

¿Un fatal cataclismo
Tramado por un Dios tempestuoso?

¿Jehová, Jehová nos embarulla
La Historia,
Lejana de las nubes?

Hombres, hombres expertos, sagacísimos
En oficinas, en laboratorios,
Alrededor de mesas
Y mapas
Preciosamente límpidos,
Unos hombres sujetos a engranaje,
A deber cotidiano
Laboran —no hay tragedia— con minucia
Muy gris.

¡Candor, candor! El técnico
Nada más obedece.

¿A quién? ¿Quién da las órdenes terribles?

Una estudiosa frente
Medita sobre números.
Ya es tarde.
La luna va alumbrando aquel desvelo,
Y del papel ascienden los problemas
—¡Problemas!— y sus formas impasibles,
Sin lágrimas, sin charcos,
Sin un solo dolor, elegantísimos.
¿Hay drama?

Ese tan ignorante,
Por un cualquier camino
Figurilla cualquiera a cualquier hora,
Tú, yo, todos los otros
Sí saben, sí sabemos.
Absoluto el horror.

Cadáveres, cadáveres, cadáveres.

III

Todos pendientes del Satán atómico,
De su desolación hidrogenada.

Va estallando el absurdo
Con ímpetu de bomba.
Y se rinden los seres
A una luz invisible,
Que trocándose en humos sin testigo
Tritura
La materia a esa orilla
Posible de la nada.
Orilla con espectros,
Después difícilmente campo triste,
Campo entre sus muñones,
Sus añicos nocturnos,
Su polvo:
Duna de un mar ya seco
Bajo un gris de abolidas calaveras,
Calvario de una nada
Que el hombre inventaría.

¿Para qué, para quién?
¿Para la nada misma ya inminente,
Muy cerca del estruendo y los gemidos
Naufragados en noche, en gas, en nada?

Sumo dolor sin límite,
Sin luz, dolor inútil.

Ruptura de universo.
¿La Tierra será el astro
De la estulticia trágica?

Un clamor se articula
Dentro de los silencios reunidos.
Cambiante, la Amenaza se oscurece
Bajo el sol: suplemento
De nube dirigida.
¿Impersonal, anónima?
¿O desde una ventana se la impulsa
Contra el coro viviente,
Contra ti, contra mí, contra los muchos
Clamantes
En clamor silencioso?

Son los más. Y se callan.
Son los más, tan correctos,
Sumisos a los pocos, invisibles,
A los muy pocos. ¿Mágicos?

IV

Un transeúnte mira hacia los cielos
Hermosos
Que un orden sí proclaman,
Y columbra el errante
Nubarrón que se acrece, que decrece.
¿Decrece? No se extingue.
Su amenaza se comba.

¿Hay que vivir así?

Hay que vivir, vivir diariamente,
Como si se olvidase y recordando,
Atento, distraído, sin profetas.

Va de prisa el rumor por esas calles,
Junto a la plaza noble
De gótica hermosura,
Y unos bancos en sombra,
Y un poco de mañana soleada
Para juegos de niños
Sobre cumbre de instante.

Feroz, feroz la vida,
Tras su esperanza siempre.

TIEMPO DE VOLAR

Paredes claras, aire claro, vida abierta.
He ahí los viajeros
De Roma,
¿Quizá del Cairo? Todo aguarda alerta.
Aluminios refulgen con aceros.
¡Volar! Muy elegante: al peligro se asoma.
Y, sin embargo,
Frente a la exactitud
Familiar de la máquina, la dicha es cotidiana.
Un riesgo nunca es largo,
Todo se precipita hacia mañana.
¿A Marruecos, a Sud-
América? Ya el ruido
Del trimotor, costrumbre discordante,
Forma una soledad de viento fiero.
Un pájaro sin nido
Cruza, solo, huye, desconcertado.
Una niña contempla. Nada hay que la espante.

—¡Yo quiero
(La oigo) ir al viento! Se estremece en un prado
La hierba. Corre el avión. ¡Arriba! Seguro,
Abarca su victoria, suspende su jardín.
¿Límite ya no habrá con agresión de muro?
La vida corre, corre hacia su fin.

MIRAR Y ADMIRAR

Me detengo. Lo adiviné: Tiziano.
Un gran señor otea varias diosas.
También yo me complazco en los follajes
Y su cobrizo tono así lejano.
¿Quiénes aquellas damas sobre losas
De galerías y azoteas? Trajes
Oscuros, pero...
A mi lado, real, está una dama.
No me ve. Soy un cero
—Soy realidad— ante ella, que reclama
Pintura.
Mi vista se aventura
Con un fervor cortés
—En mí cortés costumbre—
Por la forma viviente,
Que jamás ni comparo ni confundo
Con el fingido mundo,
Ahora Veronés.
No hay Venus de verdad que no relumbre
Sin mi adhesión y mi vivir no aliente,
Ahora también, que mal o apenas veo
—Otro piso propone el gran museo—
Esta flor de Matisse. Atrae la dama.
¿Fugitiva? No importa. ¡Cómo llama!

LOS HIJOS

Después de aquellos desfiles
Alardeados en aire
Jovial de sol y victoria
Con gallardetes y sables,
Por avenidas y plazas
Van sin desfilar —no es tarde
Nunca para convivir
De veras— los más joviales,
Esparcidos o agrupados
En una ilusión que nace
Sobre las desilusiones
Con vertical implacable.
Un relámpago, de pronto,
Convierte el silencio en trance
De rumor que es choque y lucha.
Las esperanzas combaten
A los solemnes embustes,
Y puños de mocedades
Esgrimen Historia clara
Que ilumina porque arde.
Resistiendo están las fuerzas
Forzadas. Se ve la sangre.
Entre tumultos se yerguen
Estaturas de estudiantes.

PARED

¿Quién ha trazado sobre la pared figuras, palabras que quieren ser obscenas y por eso lo son, y escandalosas, con voluntad provocativa?

¿Qué artista evoca, provoca, convoca desde su caverna con esos balbuceos rupestres, y a qué hombre cavernario se dirigen?

¿A qué hora de soledad acaso nocturna, en qué paréntesis de fugitivo pudo ceder un lápiz a la obsesión del obseso y solicitar, precisar?

¿Cómo pasa invisible, sin nombre ni semblante, por qué jamás es sorprendido ese tan solo, tras la puerta reservada a los «Caballeros»?

¿Llegará a ser cuerdo o lo parecerá en los restantes días el extraviado confidente? ¿Cuál será su existencia cotidiana?

¿Qué vida inconfesable, qué dolor y delirio, qué absurdos, qué esperanzas —las últimas— están latiendo en esa confidencia de infeliz?

MUERTE Y JUVENTUD

(GABRIEL PRADAL)

Era vida en juventud:
Gracia que nunca se acaba
Para los hombres aun dioses,
Inmortalidad en marcha
Fácil y difícil por
Caminos y trochas hacia
Términos iluminados,
Mediodías sobre plazas.
El presente era un futuro
Cálido de propia fábula.
Atraían, seducían
Intactas páginas blancas.
Y una vez...
              Muy lentamente
La mano más descarnada
Fue escribiendo una sentencia.
Todo interrumpido, bárbara
Desorientación, caída
Por la más pérfida trampa
Dentro de silencio y tierra
Con profundidad sin nada:
Trunca vida juvenil
Que azar absurdo arrebata.
¿Crimen? Peor. No hay sentido.
Tan impersonal la infamia.

A TODO CORRER

Pasan huyendo los trenes.
Huyen de su violencia.
El ruido forma cadencia.
Se igualan males y bienes.

Oleaje removido
Por un vaivén de clamores.
«Nunca llores, nunca llores»
Dice la rueda del ruido.

Mece el dulce traqueteo.
Como dulzura acompaña
Tal velocidad. Su hazaña:
La tierra veloz que veo.

Horas se nos van de prisa,
Hay sendas que son arrugas,
Los ríos discurren fugas,
El hielo es agua sumisa.

Corro, corro con el ruido,
Y arrullándome el barullo
Se me sosiega en murmullo.
Todo marcha hacia su olvido.

POLVO DEL OLVIDO

Todos se van. Y la ciudad concierta
Su mansedumbre de abandono quieto
Con la invasión de la amplitud desierta,
Y todo a su poder está sujeto.

Memorias ya no había que al pasado
Viviente por el circo y por la casa
Retornasen abriendo ese candado
Que mal preserva lo que pronto pasa.

La soledad vertía sus vacíos,
Asomaba la tierra entre las losas,
Hornos y lechos perecían fríos,
Se borraban imágenes famosas.

Con los vientos venía una delgada
Población de simientes y de arenas,
En los asaltos incesante espada.
Y la ciudad quedó visible apenas.

Y acabó descendiendo por el denso
Material del olvido. Ni su nombre
Retuvo nadie. ¡Polvo! Ni el descenso
Rastro dejó para que a nadie asombre.

MUCHO TIEMPO

Pasan por la calle de estío
Con una alegría sin freno
Varios muchachos. ¡Ay! Yo espío
Su impulso, que no me fue ajeno.

Todo así derroche al desgaire,
Los mozalbetes van: camisas
De mañana clara en un aire
Jovial de acoger tantas risas.

¿Por qué lanzan hacia sus metas
Atropello y premura cuando
Lentísimas horas completas
Están de seguro esperando?

El tiempo se alarga infinito
Frente a esas fuerzas juveniles.
A través de su propio mito
Disponen de mundos por miles.

Pasar veo a los millonarios
Temporales. ¡Quién no cantara,
No ansiara sus extraordinarios
Dominios: los de esa algazara!

MUERTE EN LA ESCALERA

La escalera estaba oscura,
Sólo murmullo era el ruido,
Y una multiplicación
De noche inicial por niños
Juntaba el vivir de todos
En hábitos compartidos.
Sin romper este sosiego,
Alguien otra vez rehizo
Su costumbre, su descenso
De los peldaños. ¿El sino
Pendía sobre el minuto
Desde su resbaladizo
Cuchillo? No. Ningún hado
Gozaba con aquel filo.
Una pierna cargó un pie
Sobre lo oscuro. ¿Qué adivino?
Adivino el azar cruento,
De los dioses enemigo
Siempre. Salpicando sangre
Rodó, convulso y tan chico,
El doméstico animal
—Como el hombre sometido,
Bajo la absurda fortuna,
A muerte. ¡Caos! Sus gritos.

VIVIENDO

La ciudad se dirige hacia las brumas
Que son nuestro horizonte en los suburbios
Plomizos, humeantes, bajo nubes
Que el sol poniente alarga desgarradas
Por colores apenas violentos,
Verdoso violado enrojecido.
Engrandece el crepúculo.

Amable, la avenida
Nos expone planeta humanizado,
Nos arroja tesoros a los ojos,
Nos sume en apogeos.
Y los ruidos se juntan, se atenúan:
Murmurada amalgama
Pendiente.

Irrumpe una estridencia.
Atroz motor minúsculo trepida.
... Y otra vez se reanuda el vago coro,
Favorecido por la media voz
De calles
A cielos abocadas.

Bajo los rojos últimos
En grises, verdes, malvas diluídos,
Siento mías las luces
Que la ciudad comienza a proyectarme.
Mucha imaginación lo envuelve todo,
Y esta máquina enorme bien nos alza,
Inseparable ya de nuestras horas
Y de nuestros destinos.
Gran avenida —donde estoy— fulgura.

Todo avanza brillando,
Tictac
De instante sobre instante.
Con él yo me deslizo,
Gozo, pierdo. ¿Me pierdo?

Ternura, de repente, por sorpresa
Me invade.
Una ternura funde en una sola
Sombra del corazón
La ciudad, mi paseo.
Me conmueve, directa revelándose,
Común sabiduría.
Moriré en un minuto sin escándalo,
Al orden más correcto sometido,
Mientras circula todo por sus órbitas,
Raíles, avenidas.
Sin saberse fugaces,
Los coches
Me escoltan con sus prisas,
Me empujan,
Y sin querer me iré
Desde estos cotidianos
Enredos
—Entre asperezas y benevolencias—
Hasta ese corte que con todo acaba.
¡Telón! Un desenlace no implicado
Quizá por la aventura precedente:
Afán, quehacer, conflicto no resuelto.

Pero ya la cabeza
De sienes reflexivas
Reconoce la lógica
Más triste.

Voy lejos. Me resigno. Yo no sé.
Y el tránsito final
—Sobre un rumor de ruedas— ya me duele.

Está el día en la noche
Con latido de tráfico.
El cielo, más remoto, va esfumándose.
Esa terraza de café, más íntima,
Infunde su concordia al aire libre.

Cruzo por un vivir
Que por ser tan mortal ahincadamente
Se me abraza a mi cuerpo,
A esta respiración en que se aúnan
Mi espíritu y el mundo.

Mundo cruel y crimen,
Guerra, lo informe y falso, disparates...
No importa.
Impuro y todo unido,
Apenas divisible,
Me retiene el vivir: soy criatura.
Acepto
Mi condición humana.
Merced a beneficios sobrehumanos
En ella me acomodo.
El mundo es más que el hombre.

Así voy por caminos y por calles,
Tal vez
Errando entre dos nadas,
Vagabundo interpuesto.

Me lleva la avenida
Con esta multitud en que se agrupan
El pregón, el anuncio, la persona,
Quiebros de luces, roces de palabras:
Caudal de una ansiedad.
Por ella
Logro mi ser terrestre,
Aéreo,
Pasaje entre dos nubes,
Conciencia de relámpago.

AQUELLOS VERANOS

Lentos veranos de niñez
Con monte y mar, con horas tersas,
Horas tendidas sobre playas
Entre los juegos de la arena,
Cuando el aire más ancho y libre
Nunca embebe nada que muera,
Y se ahondan los regocijos
En luz de vacación sin tregua,
El porvenir no tiene término,
La vida es lujo y va muy lenta.

HORMIGA SOLA

Grande, negra, la hormiga
Se para, bulto inerme
Que de pronto se arroja con sus prisas
A un curso que ya nunca se detiene,
Y como atolondrada zigzaguea,
Corre más regresando y sin oriente,
Por el camino de ninguno busca,
Losas conquista y pierde,
Aumenta su negror con su veloz tamaño,
Veloz, veloz, a solas con su suerte.

UNA ILUMINACION

Los días trascurrían, trabajados,
Veloces, espaciosos,
Confusos
Bajo el sol, hacia el sol justificante:
Alza de juventud en claridad
Sin término previsto.
Los días trascurrían,
El río discurría entre las glorias,
Las historias visibles.
Sol ya de libros, puentes, monumentos.

Y la paz: aquel juego de las horas
A la luz confiadas,
Aquella irisación
De regocijo y rayo.
Y una espera continua
Que recoge el esbozo
De un ser en juventud, en malestar,
En avance torpísimo
De anhelos
Todavía sin meta.

Y sobre la ciudad y sus estatuas
Y sus escaparates,
Entre rumor y olor de abril gozado,
Desde el silencio o tras los apogeos
De música,
Un encanto de voz y de sonrisa
Que emite un solo ser, tan femenino:
Más y más convincente
Perfil
Ante mis habituales horizontes.

Y un día,
Un día de sosiego sin presagios
En círculo de tarde soleada,
Un día...

Estallando de pronto
Se impuso,
Abrupta crisis no deslumbradora,
Una luz convertida en pensamiento.
Ineludible mundo
Con ímpetu de acción
Sin existir aún abalanzaba
Su aplomo.
Futuro necesario me invadía
A mí, ya su invasor.

Ningún plan. Ni la sombra de un deseo.
Todo se ahincaba, todo
—Bajo esplendor de sol irrefutable—
Firme ya para siempre.

Entre ser y querer
No hallaría cabida
Ningún surco de pena.
La realidad manaba realidad,
Y en torno ya asentándose
Me declaraba centro verdadero
De un orbe
Para siempre salvado.
Nacíamos nosotros en nosotros:
Amor.

Un existir común y desde siempre,
Y tiempo, tiempo, tiempo
Sin límites,
Sin filos de parcelas,
Don total en caudal
Por su masa indivisa,
Y siempre, siempre, siempre como furia
Sin furia confluyendo,

Creciendo, perdurando,
Tú conmigo en nosotros.

No vida nueva. Vida en absoluto.
Con las más implacables seducciones
Triunfaba.

Algo en mí sucedía
Jamás por mí querido ni pensado.
Fuera de toda argucia,
Sin apoyo en apartes de monólogo,
Algo surgía, súbito fulgor,
De no se sabe dónde,
Ignoto subterráneo
Que violentamente me inundaba
De bien,
Abría la conciencia.

El hombre era teatro.
Yo contemplaba, frente a mí tan dentro
De mí,
La situación tajante
De un terrible querer:
El mío.
Afluía a los ojos
Una brusca dulzura incontenible.
Abril era tu voz, así presente.
Sobre la tarde se combaba el cielo.

Del relampagueado amanecer
Nacía doble en uno aquel destino.
No se azoraba el corazón vidente,
No jugaba con riesgo ningún naipe.
Futuro necesario me imponía
Creación necesaria,
Feliz no, más, real:
Nosotros
Más allá en universo ennoblecido,
Vida para la vida perdurable.

ANIMO

En régimen continuo de entereza,
Imposibles los cálculos o embrollos,
No sabías contarte el dulce cuento
Que a tu propia figura complaciese,
Ni apenas atendías a tu ser,
Toda entregada a los que amaste mucho,
Bajo un mirar muy claro. Sonreías
Hasta en la voz.

                Trascurre alguna hora.
Sin insistir sugieres desde un margen
Que es tuyo: perfilada, la ironía
Se insinúa pasando con un vuelo
Piadoso.

         Lees, lees. Al piano
Retornas y, sutil, leyendo aún,
Descifras.

         No, no habrá quietud conforme.
Te atormenta —sin énfasis el gesto—
Ese vivir que cara a cara afrontas,
Lúcida en el apuro o el peligro,
Aunque sea mortal.

              Y poco a poco
La amenaza, pendiendo o retrayéndose
Para caer mejor, llegó a su fin.
Y tu mirada, firme, siempre amando.

RIEGO

Sobre un espacio del jardín, sobre su hierba
Llueve un agua arqueada
Como un ramo de curvas que preserva
Su grácil forma en cada
Profusión de caída:
Justo riego de estío para Isabel erguida,
Que atraviesa las gotas
Con el frescor de sus pueriles años.
Ya la veo marina deidad en otros baños
Futuros.
            ¡Oh niñez: sobre el tiempo rebotas!

TRANSITO POR LA CALLE DE LA TAPIA

Iba de prisa, de prisa,
Calle de mucha pared,
Pared que se me alargaba
Más que tanta rapidez,
Al calor de aquella hora
Que yo sentía correr
Con ansia de transeúnte
Junto a la extensión cruel,
Cruel en su espacio mientras
Ay, mi tiempo era mi ley.

TRÉBOLES

Amanece. Siento frío.
Temprano llega el otoño.
Corre al mar, al mar mi río.

Días, días, días veloces,
Y más veloces los felices.
En tu memoria lo conoces:
Ciego a la flor, sientes raíces.

Incienso a Dios, soñar de suerte
Que sea camino el aroma,
Ir finamente hacia la muerte.

Cierto: me sentí humillado.
¡Qué malestar en el pecho!
Era un abismo aquel trecho:
¡Yo no soy mi resultado!

Mi aventura es tu porvenir,
Hijo. Ya la siente en mi ser
El que se resiste a morir.

Va el río Otoño al mar. ¡Cuántas
Muertes hasta en las orillas!
Crujen hojas amarillas
—Soy cruel— bajo mis plantas.

¿El tiempo? No se ve. ¿La hora?
Se mide apenas, corre mucho.
El árbol, enfrente, se dora.

—¡Estoy joven, ah, todavía!
— ¿Y qué? dijo Venus. —Detente.
No olvides tu mitología.
¡Ser el inferior evidente!

... Y vuelve de pronto el frío,
Y está la noche más sola,
Y yo paso con el río.

ALBORADILLA DEL COMPAÑERO

(Oscuro cansancio,
Albor para luz encendida.)
Sacude el sueño, compañero,
Vida aún, arriba.

Bueno es el vivir
Y bueno volver a empezar.
Trabajo no falta,
Abre los ojos, galán.

La madrugada se aclara,
La neblina se disipa.
Despierta, amigo, despierta,
¡Arriba!

Toma algo caliente,
No hay valor sin pan.
Avíate pronto,
Nos espera la claridad.

El sol entre nubes
Nos lanza su cita.
Seguir es mejor que pararse.
Vida aún, arriba.

SOY MORTAL

El piso era una pista,
Los coches eran cuerpos tan seguros
Como estrellas por órbitas,
La mañana era el éter.
Obedecía el mundo a los volantes,
Que desplegaban o que recogían
Tantas rápidas curvas,
Algunos casi quiebros.
Y de repente... ¡No!

Entonces un abismo
—Abismo de segundos—
Nos salvó. Finamente
Quedamos en la orilla espeluznante,
Y el choque, tan posible,
No llegó a ser suceso.
Un quid:
Duranté dos segundos se afrontaron
Nuestra vida arrojada a predominio
Veloz,
A veloz porvenir, y nuestra muerte.

Aquella imagen, sólo aquella imagen,
Torpe boceto apenas ideado,
Me sumió en un terror que me retuvo
Muy dentro de mi propio calabozo:
Este vivir mortal.

Entre los días y su desenlace
Oscuro de ataúd
No hay congruencia próxima.
A la larga aparece
—Trazando un arco siémpre necesario

Desde el hoy con su afán hacia el remoto
Futuro—
Mi deber de morir,
Acorde al gran concierto ineludible,
Y tras mi frente aguarda sin protesta.
Pero el paso real, sin duda brusco,
La agonía, realísima invasora...
¡Mal «trago», don Rodrigo,
Don Jorge!

Pude yacer allí, quizá deshecho.
Accidente común:
Curiosos, policía, la ambulancia.
Informe ya una forma,
Tan ajena a un aliento que fue espíritu.

¿Aquel soplo, mi soplo,
Se habría remontado
Libre de la catástrofe hacia el sol?
¿Mi ser, mi ser más mío,
Persistiría, trunco?
¿Aquel fuego ardería sin materia,
Pura llama en un aire ya sin aire?
¿Yo no soy mi unidad de carne y hueso
Con alma, con palabra?

Imagino otra faz de la aventura:
Colapso.
Difícil, lento, lento recobrarse.
Pero en contra de muerte, mariposa
Súbitamente así recuperada,
¿Volado habría yo,
Yo, polvo sobre el polvo de una tierra?

Soy más pobre que Lázaro.
Ignorancia es más fuerte que esperanza.
Hombre humilde y perdido,
Yo no sé ni esperar ante ese polvo.
Pero heme aquí, por vocación dispuesto
Siempre a la maravilla.

Heme aquí, cuerpo y alma,
Maravillosamente sólo un ser
Indivisible —mientras voy viviendo,
Y soy yo todavía
Pese a las amenazas del azar,
Por las ciudades y los descampados
Azar salteador,
Escandaloso a ciegas,
Impío.

Entre el azar y el mundo,
Mundo nuestro por fin,
Flexible, manejable,
A caballo en el filo fragilísimo,
He de ser y vivir sobreviviendo,
Cerniéndome
Sobre las asechanzas
Sin clave, sin propósito,
Innúmeras:
Filtraciones de caos
Sin cesar renaciente,
Vil proliferación de una tiniebla
Surgida
Contra la luz en medio de las luces.
Condenado me siento aunque sin átomo
Todavía de muerte,
Y triunfante minuto por minuto,
De pie sobre un planeta que subsiste,
Lóbrego a trompicones, peligroso,
Y junto a los peligros
Me alberga: Creación,
Suprema Creación dominadora,
Pese al azar estólido,
A las suertes sin norte,
Creación donde es justo
Que algún día termine
Mi ser: una centella. Soy mortal.

VUELO

Por el aire de estío
La gaviota ascendiendo
Domina la extensión, el mar, el mundo
Bajo azul, bajo nubes
En vellones muy blancos,
Y suprema, reinante,
Se cierne.

Todo el espacio es onda traspasada.

Plumajes blanquinegros
Detienen la ascensión,
De pronto resbalando sobre el aire,
Sobre la luz vastísima.

Sostiene la blancura del vacío.

Y, suspensas, las alas se abandonan
A claridad, a fondo trasparente
Por donde el vuelo, sin acción las alas,
Subsiste,
Se entrega a su placer, a su caer,
Se sume en su pasar,
Puro instante de vida.

MAR EN BREGA

Otra vez te contemplo, mar en brega
Sin pausa de oleaje ni de espuma,
Y otra vez tu espectáculo me abruma
Con esa valentía siempre ciega.

Bramas, y tu sentido se me niega,
Y ya ante el horizonte se me esfuma
Tu inmensidad, y en una paz o suma
De forma no termina tu refriega.

Corren los años, y tu azul, tu verde
Sucesivos persisten siempre mozos
A través de su innúmera mudanza.

Soy yo quien con el tiempo juega y pierde,
Náufrago casi entre los alborozos
De este oleaje en que mi vida avanza.

VIDA - ESPERANZA

Helo, por fin, bien despierto
Frente a frente a la jornada,
Que se extiende por un aire
Pronto a entregar la mañana
Siempre ignota, nunca neutra,
Turbia tal vez o entreclara,
Pero sin cesar atmósfera
Que los pulmones y el alma
Respiran sin distinguir
Entre el aire y la sustancia

Por él difusa, visible
Bajo forma de esperanza.
El despierto respirando
En su interior la derrama
De modo tan natural
Que no sabe de ella nada,
Y sólo vivir consigue
Mientras de un instante pasa
Mal o bien al otro instante,
Y algo ya inminente aguarda
Dispuesto a ser realidad
Que se incorpore a la gana
Tan continua de una vida
Sólo vida en su esperanza.

DESPERTAR ESPAÑOL

¡Oh blanco muro de España!
FEDERICO GARCÍA LORCA

I

¿Dónde estoy?
                    Me despierto en mis palabras,
Por entre las palabras que ahora digo,
A gusto respirando
Mientras con ellas soy, del todo soy
Mi nombre,
Y por ellas estoy con mi paisaje:
Aquellos cerros grises de la infancia,
O ese incógnito mar, ya compañero
Si mi lengua le nombra, le somete.

No estoy solo. ¡Palabras!

Y merced a sus signos
Puedo acotar un trozo de planeta

Donde vivir tratando de entenderme
Con prójimos más próximos
En la siempre difícil tentativa
De gran comunidad.

A través de un idioma
¿Yo podría llegar a ser el hombre
Por fin humano a que mi esfuerzo tiende
Bajo este sol de todos?

II

Ay patria,
Con malos padres y con malos hijos,
O tal vez nada más desventurados
En el gran desconcierto de una crisis
Que no se acaba nunca,
Esa contradicción que no nos deja
Vivir nuestro destino,
A cuestas cada cual
Con el suyo en un ámbito despótico.
Ay, patria,
Tan anterior a mí,
Y que yo quiero, quiero
Viva después de mí —donde yo quede
Sin fallecer en frescas voces nuevas
Que habrán de resonar hacia otros aires,
Aires con una luz
Jamás, jamás anciana.
Luz antigua tal vez sobre los muros
Dorados
Por el sol de un octubre y de su tarde:
Reflejos
De muchas tardes que no se han perdido,
Y alumbrarán los ojos de otros hombres
—Quién sabe— y sus hallazgos.

III

¡Fluencia!
Y nunca se interrumpe,
Y nunca llega al mar
Ni sabe de traiciones.
Río de veras fiel a su mandato,
A su fatal avance sesgo a sesgo,
Rumbo a la primavera con su estío,
Y en las agudas barcas
Las eternas parejas
De nuevo amor.

                Y no hay más mundo que ése.

Un mundo bajo soles
Y nuestra voluntad.

Paso ha de abrirse por las nuevas sangres
Incógnito futuro
Libérrimo.
¿Vamos a él? El es quien nos arrastra
Rehaciendo el presente
Fugaz
Mientras confluye todo por su curso
De cambio y permanencia,
España, España, España.

IV

Nuestra invención y nuestro amor, España,
Pese a los pusilánimes,
Pese a las hecatombes —bueyes muertos—
Sobre las tierras yermas,
Entre ruinas y fábulas
Con luces de ponientes
Hacia noches y auroras.

Y todo, todo en vilo,
En aire
De nuestra voluntad.

Queremos más España.

Esa incógnita España no más fácil
De mantener en pie
Que el resto del planeta,
Atractiva entre manos escultoras
Como nunca lo es bajo los odios,
Creación sobre un trozo de universo
Que vale más ahondado que dejado.

¿Península? No basta geografía.
Queremos un paisaje con historia.

                            V

Errores y aflicciones.
                        ¡Cuántas culpas!

Gran historia es así:
Realidad hay, compacta.

En el recuerdo veo un muro blanco,
Un sol que se recrea
Difundiéndose en ocio
Para el contemplativo siempre en obra.

¡Blanco muro de España!
No quiero saber más.
Se me agolpa la vida hacia un destino,
Ahí,
Que el corazón convierte en voluntario.

¡Durase junto al muro!

Y no me apartarán vicisitudes
De la fortuna varia.
¡Tierno apego sin término!
Blanco muro de España, verdadera:
Nuestro pacto es enlace en la verdad.

EL FIN DEL MUNDO

Parece tan próximo el fin a ciertos pusilánimes que hasta
se retiran a una montaña para aguardarlo a pie quieto. Fin
y Día del Juicio. Los presagios van precipitándose. Todo se
entiende porque está muy oscuro.

Terrible, ese estruendo. Escucha bien. ¿Ya un cataclismo?
Es el motor que pasa. ¿Crujen los cimientos, se enrarece el
aire? Una casa en obra. ¡Cómo huele ahí! Química, purí-
sima química: nauseabundos olores elaborados, dirigidos.

Nada más fácil para la inteligencia que el abandono a un
apocalipsis. Ninguna tentación seduce al ánimo vulgar como
el desánimo. ¿La muerte nos lo resolverá todo, ocultos en
nuestro miedo, frente a los incesantes derrumbes?

Fin del mundo, de tu mundo... Cálmate. Da cuerda al reloj. Todavía se necesitarán millones y millones de años.
Aunque la Historia ocurre vertiginosamente, los minutos son
muy lentos. Paciencia, paciencia intrauterina.

ATENCION A LA VIDA

—Te escucho.

—Los abetos descienden hasta la cintura de rocas, más abajo ya cubiertas de una vegetación verdeamarilla, algas que
nos presentasen uvas de estío. En los huecos de la peña reposa el agua trasparente. Murmullo de graznidos dejan caer
desde la altura cuatro aves negras. Y la mañana se enca-
mina hacia una total vibración.

—¿Qué ocurre ahí? ¿No hay suceso?

—Todo es inmensamente suceso a través de esta calma densa hasta los bordes que sin titubear clausuran un equilibrio formidable. El agua de las olas y entre las piedras, y la piedra con sus hendiduras y tajos, y el continuo empuje con que sostienen duración y perduración ¿no están a la vista sucediendo?

—Sin embargo...

—Y frente a ese bosque el mar, ahora plácida lámina, que lo es reteniendo su fuerza, modulando un rumor de grises, de reverberaciones blanquecinas. Y ese barco, majestuoso como todo barco, gran máquina, pero no tan sutil como la máquina que es aquel hombre, aquel engranaje de salud, ¿no están aconteciendo?

—¿Aconteciendo? No me conmueven.

—A mí me conmueve hasta el asordado, vago, casi incorpóreo zumbido de un silencio en que, sin confundirse ni fundirse, ahora mismo se traban infinitas radiaciones conjuntas. Y todo está con todo, alrededor de este hombre erguido sobre la peña, sobre tantos milenios de peña, de planeta: mañana de julio marino.

—¡Verano! No me sacude el corazón.

—En efecto, nadie está ahogándose en este mar. Ningún enemigo desembarca ni ataca. Ningún menesteroso gime por ahí. No, yo no te falseo esa realidad. Los seres coinciden con su ser. Así normales, son lo que son. Como no te descubro muerte ni riesgo de muerte, por aberración eres incapaz de percibir la plena vida.

A NIVEL

Fácil no fue regir mis relaciones
De amistad con la mesa aquí presente
Desde esta silla en que la afronto ahora.
Se interpuso el trabajo apresurado,
Y una dolencia me indispuso en contra
De todo alrededor, jamás amable
Sin ojos ya serenos.
                        Es fatal:
Por entre muchos roces, circunstancias
—De muy varios niveles— nos exigen
Esfuerzo... de dominio.
                              Silla, mesa,
En situación tranquila de acomodo
Con este al fin sosiego más que práctico,
Mantienen la virtud de un equilibrio
Donde figuro yo como energía
Necesaria.
                  Soy yo quien siente ahora
La paz triunfante aquí porque la oigo
Sin querer con mi oído y la acreciento
Con mi serenidad, fortalecida
Por esta justa posición de aplomo:
Yo y la tersa madera de esa mesa,
A un preciso nivel de circunstancia.

LA AFIRMACION HUMANA

(ANNA FRANK)

En torno el crimen absoluto. Vulgo,
El vulgo más feroz,
En un delirio de vulgaridad
Que llega a ser demente,
Se embriaga con sangre,
La sangre de Jesús.
Y cubre a los osarios
Una vergüenza universal: a todos,
A todos nos sonroja.
¿Quién, tan extenso el crimen,
No sería culpable?

La noche sufre de inocencia oculta.

Y en esa noche tú, por ti alborada,
A un cielo con sus pájaros tan próxima,
A pesar del terror y del ahogo,
Sin libertad ni anchura,
Amas, inventas, creces
En ámbito de pánico,
Que detener no logra tus esfuerzos
Tan enérgicamente diminutos
De afirmación humana:
Con tu pueblo tu espíritu
—Y el porvenir de todos.

CARRERA

Por la pista, bajo sol
Deportivo iluminada,
Frente a la tensión atenta
De un público se disparan
Automóviles furiosos
Dentro de sus propias ráfagas.
Uno, más furioso, vuelca.
Y se enciende. ¡Más! Y estalla.
Clamor. Son muchos los muertos.
Gran carrera hasta la nada.

OTRO NOCTURNO

A una intemperie de noche
General con río cerca,
Tres bultos embarullados
Entre vestimentas viejas
Yacen, se abandonan, duran
Tendidos sobre una acera.
Y el trasnochador, sin prisa
Por la gran ciudad, otea
Los bultos durmientes, lejos
En pública noche: selva.

EPIFANIA

Llegan al portal los Mayores,
Melchor, Gaspar y Baltasar,
Se inclinan con sus esplendores
Y al Niño adoran sin cantar.

Dios no es rey ni parece rey,
Dios no es suntuoso ni rico.
Dios lleva en sí la humana grey
Y todo su inmenso acerico.

El cielo estrellado gravita
Sobre Belén, y ese portal
A todos los hombres da cita
Por invitación fraternal.

Dios está de nueva manera,
Y viene a familia de obrero,
Sindicato de la madera.
El humilde es el verdadero.

Junto al borrico, junto al buey,
La criatura desvalida
Dice en silencio: No soy rey,
Soy camino, verdad y vida.

HISTORIA EXTRAORDINARIA

... Y bajo los diluvios demoníacos,
Reiterada la furia
Con método,
Fue conseguida —casi—
La destrucción total.
Y cayeron minutos, meses, años.
Y no creció entre ruinas
El amarillo jaramago solo,

Amarillo de tiempo,
De un tiempo hueco a solas.
Se elevaron los días, las semanas.
Y vertical, novel,
Surgió el nombre de siempre.
Ya Rotterdam es Rotterdam.
¡Salud!

Creo en la voluntad
De este planeta humano:
Planeta de alimañas,
De velludos feroces que en dos pies
Se alumbran con los fuegos que sus artes
Encienden,
Fuegos, ay, tan ambiguos,
De anulación y de invención, hermanas,
Las hermanas gemelas
Sumisas o insumisas
A este bronco animal
Que, ceñido de bosques,
Va de idea en idea trasformando
La realidad, a veces
Del todo realizada.

Gloria a la bestia convertida en hombre.
Entre apuros y angustias
Candidato a lo humano,
Asciende hasta la cumbre de su espíritu:
Nada más una chispa.
Y luce,
Alegre, más, terrible. ¡Qué de hogueras,
Qué de chisporroteos, surtidores
Nocturnos, faustos brillos!
Las olas y las tierras y las brisas,
Nombradas, se someten,
Y hasta el áspero prójimo dibuja
Su perfil dominante
De montañas, de ríos, de confines.
«Hacer» tendrá más radio que «soñar».

En este muelle, frente a embarcaciones
Y grúas y horizontes,
Siento inmortal a Europa,
Uno siento el planeta.
La historia es sólo voluntad del hombre.

COMO TU, LECTOR

El hombre se cansa de ser cosa, la cosa que sirve sabiéndose
cosa, cosa de silencio en su potencia de impulso airado.
La hombría del hombre, de muchos hombres se cansa atroz-
mente.

Ya no pueden pararse las manos sucias por deber y recias.
Muchos ojos —sin gafas— ven o entrevén más allá, aunque
se inclinen hacia el suelo y sus lodazales de leyes.

Máquina junto a las máquinas, o solo a la intemperie. Animal bajo un sol de selva, o en una selva urbanísima. Y los
colores de la piel se cansan de su color.

Los colores se cansan de ser blancos, de ser amarillos, de ser
negros: postración. Y millones de millones de fatigas llegan
a formar, por fin irguiéndose, una sola figura.

Ni héroe ni monstruo. Una figura humanísima que arrolla
desbaratando y arrasando a estilo de Naturaleza con furor
geológico —y mental. Pero no. Es crisis de Historia.

Crisis que asombraría a los dioses mismos si atendiesen a
nuestros lodos de arrabal. A los arrabales columbrarían inun-
dados y ya arrebatados por mareas con saña de sino.

Esta vez sí se desequilibra el planeta. Sobre los magníficos se derrumban los colores, y los sujetos, uno a uno sujetos, engrosan multitudes, que son ¡ay! masas compactas.

Masas de hombres que podrían, uno a uno, ser hombres. Hombres como tú, lector que lees, libre, envuelto en tu señorío de piel, con un volumen en la mano, libre.

Deja de leer, mira los visillos de la ventana. No, no los mueve el aire. Responden a eso tan fugaz que fue un movimiento sísmico. Atención: no anuncia más que ...

A ti también te anuncia la catástrofe de las catástrofes. ¿Terminará la esclavitud? ¿Hombres habrá que no sean cosas? Hombres como tú, lector, sentado en tu silla. Nada más.

NADA MAS

I

Toda la tarde cabe en la mirada,
Una sola mirada de sosiego.

Horizonte sin bruma
Reúne bien el mar
Con ese azul de bóveda
Que va hasta las montañas,
Azules desde aquí,
Esta arena en que escucho el oleaje.

La tierra con el aire sobre el agua.

Más lejos, invisibles
Espacios tras espacios
Vacíos con tinieblas
O con terribles luces,

Definitivamente
Más allá de los hombres,
De su saber, su alcance.

Y yo ¿qué sé? Me dicen...
Son términos de espanto: nebulosas,
Galaxias.
                    ¿Nos abruman? Nos anulan.

II

Aunque preso en la Tierra y sus prisiones,
El corazón audaz
Emprende la conquista
De... ¿Nada es ya imposible?

Sobre una redondez
Como el grosor de un átomo ignorado
Rebulle en el silencio universal
La aventura terrestre.

No importa. Diminuto,
Alguien es eje aquí bajo la tarde,
Que es mía, de mi amor, de esta mirada
Tan fiel a lo inmediato así infinito.

Sin reverberación sobre las olas,
El mar me tiende el lomo
De una cabalgadura infatigable.
Esta luz —que me dora los relieves
De los montes, aquellas tapias blancas,
Esos follajes cerca de las peñas,
Del rumor marino—
Esta luz me propone las entradas
A inextinguibles minas.

III

Tierra, tarea eterna.
Terrícola entre límites,
Bien los conozco. Prohibido el orbe.
Heme aquí por mi campo laborable,
Por atmósfera y mar también con surcos.
¡Fatal presencia! Quiero mi destino,
Arraigado a través de estas raíces:
Mis huesos de animal,
Sólo en esta morada,
Nuestra de polo a polo,
De minuto a minuto.

Mi tiempo va a su fin, ay, necesario
Para dar su perfil a mi figura.
No habré de convertirme en propio monstruo
Con senectud de siglos.
Este cuerpo en su tiempo,
Mi espíritu en su forma,
Y todo indivisible en una llama,
Yo, que se apagará.
¿O habrá algo errante donde seré entonces
Pura evaporación de mi yo antiguo,
Vibrando sin materia?
Yo sólo sé de mi unidad efímera.

IV

Mi vida es este mar, estas montañas,
La arena dura junto al oleaje,
Mi amor y mi labor,
Hijos, amigos, libros,
El afán que comparto a cada hora
Con el otro, lo otro, compañía
Gozosa y dolorosa.

¿Un espectro sin tiempo ni esqueleto
Sería el sucesor
De un ser indivisible del contorno?

Llego hasta mis fronteras.
Bien inscrito, me colman.
Yo no sé saber más.
Bien se esconden los últimos enigmas,
Misterios para siempre,
Más allá de esta luz que así, dorada
Tarde, me entrega un mundo irresistible
Con su verdad fugaz,
Acorde a mi destino,
Sin bruma ante mis ojos
Desde este mirador de transparencia.
Mar con su playa y cielo en mi sosiego.

VIDA COTIDIANA

¡Vida sin cesar cotidiana!
Así lo eres por fortuna,
Y entre un renacer y un morir
Día a día te das y alumbras
Lunes, martes, miércoles, jueves
Y viernes y...
                    Todos ayudan
A quien va a través de las horas
Problemáticas, pero juntas
En continuidad de rosario.
¡Dominio precario!
                    Se lucha
Por asentar los pies en Tierra,
Por ser punto real de la curva
Que hacia los espacios arrastra
Nuestra ambición de criaturas,

Anhelantes de hallar contacto
Con los relieves, las arrugas
De la realidad inmediata,
Por eso difícil y dura,
Dura de su propio vigor,
Que mis manos al fin subyugan
De costumbre en costumbre.
                                    ¡Vida
Tan cotidiana! Sin disculpa.

CABO DE BUENA ESPERANZA

A pesar de la baraúnda insoportable que nos asorda, nuestros oídos entienden rumores más sutiles en nuestro tiempo, y el corazón no necesita de corazonada para asentar sobre catástrofes su fe, la fe que espera... ¿Qué espera?

El más romo siente suyos los mayores prodigios, obedientes a cálculos, a máquinas, y ya no hay empresa inverosímil, porque lo histórico y lo fantástico se identifican bajo el poderío de los demiurgos.

Pertenecen a una estirpe, a una clase, a un país. Pero sus invenciones rebasan toda frontera, y los poderes así creados conciernen a todos, y todos participan de eso común que los agrupa en un destino.

El planeta va redondeándose con vínculos más exigentes que las infinitas desvinculaciones, dentro de una inmensa esperanza sin límites, esperanza mayor que nunca en el haz de una poseída Tierra y su futuro. ¿Qué futuro?

LA NIÑA Y LA MUERTE

(A. G.)

Todo su ser irradia luz de vida,
Una vida animal
Llameante de espíritu,
Espíritu invasor que, de repente,
Descubre la gran sombra.

¿Tan pronto se da cuenta
De verdad aquella alma tan minúscula?
Una obsesión de sombra se interpone
—Revolviéndose hostil—
Entre el mundo y la niña.

Respirando se alumbra el alma nueva,
Que un mundo inmenso para sí reúne,
Sin cesar más inmenso.
Y la niña clarísima respira,
 Devora trasparencia, más entiende.

Un árbol. «Seco», dice.
«No tendrá primavera. Moriremos
Tú y yo. Nos moriremos todos. ¡Todos!»
Morir es un escándalo
Para la vida ingenua.

Y esa niñez, que de repente sabe...

HOMBRE VOLADOR

Américas aguardan todavía
—Resplandecientes vírgenes ignotas,
O nada más para los ojos gotas
De un trémulo rocío en una umbría,

Ya inhumano el espacio— la alegría
De no siempre sentirse tan remotas
De alguno, de un Colón, por fin no idiotas
Ante la mente que a su luz se alía.

El hombre por el cosmos se aventura,
Supera con su espíritu el espanto
De tanta inmensidad jamás hallada,

Y hasta cree salir de la clausura
De sus postreros límites. ¡Y cuánto
Mundo a ciegas, sin luz de tal mirada!

HOMENAJE

REUNION DE VIDAS

PRINCIPALES FECHAS
DE 1949 A 1966

AL MARGEN DE LA «ODISEA»

NAUFRAGO ATONITO

Por la costa internándose Odiseo,
Náufrago así, desnudo,
Oteó unas doncellas.
Y corrieron. Inmóvil y radiante,
Una sola se erguía. ¡Qué estupor!
Mal cubierto con hojas habló el náufrago,
Voz ferviente, mirada embelesada.
«¿Quién eres, oh bellísima
De tan cándidos brazos? ¿Una diosa
Descendida a una tierra de mortales,
O si sólo mujer,
A la par de los dioses?
Felices sean quienes te engendraron.
Mis ojos nunca vieron tal belleza,
Digna de Artemis, hija del gran Zeus.
Una vez nada más
Me sentí conmovido como ahora.
En Delos fue. Junto al altar de Apolo
Vi un arbusto de palma tan feliz
Y esbelto que tembló mi corazón.
Perdóname que llegue así, desnudo.»
Sonrió la mujer de brazos cándidos.
«Forastero, quien seas...» Sonreía,
Señoril, luminosa. ¡Nausicaa!

AL MARGEN DE HORACIO

LAS HORAS SUCESIVAS

Llueve torrencialmente.
¡Qué ganas de beber! No quiero vino.
Dame un jugo de fruta.
¡Cómo tiemblan, se tuercen bajo el agua
Con viento los ramajes!

Es muy temprano. Ven.
El sueño matutino es delicioso:
Apenas ver la luz mientras se duerme,
Casi se duerme, retrasando el día.

¿No duermes? Bien así. Más te acaricio,
Más me abandono yo, más te abandonas,
Muy felices o como si lo fuéramos,
¿Y no lo somos ya si lo creemos?

Cuando cese la lluvia,
La tierra del jardín olerá a tierra.
No habrá mejor fragancia.
Y después vendrá el día con sus horas
Fugaces, nunca sueltas,
Nunca sin sus raíces,
A pasado y futuro encadenadas.
¿Cómo aislar en el aire los momentos?

AL MARGEN DE «LAS MIL Y UNA NOCHES»

LA INMINENCIA

... Entonces dije: «Sésamo». La puerta
Con suavidad solemne y clandestina
Se abrió. Yo me sentí sobrecogido,
Pero sin embarazo penetré.

Alguien me sostenía desde dentro
Del corazón. De un golpe vi una sala.
Arañas por cristal resplandecían
Sobre una fiesta aún sin personajes.

Entre espejos, tapices y pinturas
Yo estaba solo. Resplandor vacío
Se reservaba al muy predestinado.

Y me lancé a la luz y a su silencio,
Latentes de una gloria ya madura
Bajo mi firme decisión. Entonces...

AL MARGEN DEL «POEMA DEL CID»

EL JUGLAR Y SU OYENTE

Sospiró mío Cid, ca mucho avié grandes cuidados.
El niño dice: «No me leas eso».
La narración se anima. Al Cid acompañamos.
A la mañana, cuando los gallos cantarán
Juntos cabalgarán, cabalgaremos.
Comienzan las victorias. Ganado es Alcocer.
¡Dios, qué bueno es el gozo por aquesta mañana!
Con absoluta fe todos los suyos
—Entre ellos este oyente—
En el caudillo sin cesar confían.

¡Yo so Ruy Díaz, el Cid de Vivar Campeador!
Lo es, lo es. Y se despliega
Ya *su seña cabdal... en somo del alcázar.*
¡Alcázar de Valencia! Nada importa
Que de Marruecos lleguen cincuenta mil soldados.
«¡El Cid los vencerá!» grita seguro el niño.
No hay problema, no hay dudas, no hay «suspense».
Non ayades pavor. ¿A quién le aflige?
Le crece el corazón a don Rodrigo...
Y a todos cuantos llega su irradiación de héroe,
Héroe puro siempre, héroe invulnerable,
Autoridad paterna con su rayo solar.
«¡El es quien vence a todos!» clama el niño.
Y *venció la batalla maravillosa e grant.*

AL MARGEN DE MONTAIGNE

LAS CONJETURAS Y LOS FUEGOS

> *c'est mettre ses conjectures à bien haut prix*
> *que d'en faire cuire un homme tout vif.*
>
> «Essais», 3, XI

Descubrió la verdad, ataque brusco
De un centro refulgente,
Y quedó erguido a ciegas, deslumbrado.
Era tanta la luz que ante sus ojos
Se alzó como columna,
Y en la aridez guiaba.
La gran verdad ardía,
Toda al fin imperioso
Fuego —con proyección de claroscuro,
Ay, condenado a rehuir sus luces.
Si por entre los pliegues
De la sombra o penumbra
Se aupaban figurillas desacordes,

Sus perfiles —grotescos—
En un rapto de luz se disolvían,
La carne entre las llamas
De una verdad que era poder: el único.
Puertas al campo, campo concentrado,
Luminoso, feroz,
El poder, la verdad y fuego, fuego.

AL MARGEN DE QUEVEDO

Para José Manuel Blecua

LA VIEJA Y DON FRANCISCO

Y luego dais la teta a las arañas.

Luego de dar la teta a las arañas
Te hace a ti cucamonas y mohines
Como si fueses tú de sus afines
Mientras a su tugurio la acompañas,

Y a tu juego responde con sus mañas
Aunque a suma tiniebla la avecines,
Y por entre vocablos malandrines
Jamás barrunte cómo la enmarañas

En tu selva de dómines hirsutos,
Brujas con la pelambre ya postiza
Y algún raído Góngora pelado,

Que revisten allí sus propios lutos.
Hacia tu huesa el orbe se desliza,
Don Francisco, de muerte delegado.

«Tú» por cortesía de verso.

OBSESION

> *Del vientre a la prisión vine en naciendo,*
> *De la prisión iré al sepulcro...*

Ser antes de nacer, ser después de morir,
Ser —y con perfección— dentro de una clausura:
En el vientre materno como en la sepultura
Tiniebla protegida. No hay mejor elixir.

La madre otorga entonces suma seguridad,
Hermético, recóndito, siempre interior estado,
Orbe sin falla donde todo es íntimo y dado.
Tenebrosos profundos: sed felices, estad.

Pero se interrumpió la existencia guardada.
El nacer impulsó la criatura a vida.
Entre el aire y la luz, la vida es muy sufrida
Congoja de prisión en que el ser se degrada.

Los años son la espera del retorno al sosiego,
Un afán por llegar al segundo recinto,
La paz bien sepultada del angustiado extinto
Sin problemas al sol, pasivamente ciego.

Intervalo difícil entre el materno vientre
Y la entraña materna de tierra y sepultura.
Liberadora llegue, llegue la hora pura,
El hijo con la madre se compenetre y centre.

AL MARGEN DE GOETHE

LO HUMANO EFÍMERO

> *Zum Augenblicke dürft' ich sagen:*
> *Verweile doch, du bist so schön!*
> «Faust», 2, v, Grosser Vorhof des Palasts

Dure aún el momento que es la vida,
Sagrada así, ya desapareciendo,
Muriendo a cada instante
Sin ninguna aureola de infinito,
Sin promesa de fondos absolutos,
A través de momentos bellos, feos,
Siempre valiosos porque son reales
En ese más allá como un regalo
De la tierra, del agua, de la llama,
Del aire trasparente,
O turbio, sofocante,
Regalo natural
—También quizá divino—
Con fuerza superior que se me impone
Para que sea yo quien la domine,
La sujete al nivel
De un equilibrio nuestro,
Mi meseta de amor, de gratitud.
¿Eternidad de Elena?
Quiero lo humano efímero.

AL MARGEN DE LOS BROWNING

EL AMOR VALEROSO

> *From Casa Guidi windows I looked forth...*
> E. B. B.

Florencia, Via Maggio tras un puente,
Puente de Santa Trínita,
Y al final de la calle Casa Guidi.

Y allí los dos poetas
Valientemente, peligrosamente
Viven y se desviven
Por convertir sus sueños en su vida
Real, la cotidiana:
Elizabeth y Robert,
El gran amor, silencio, verso, prosa,
La prosa tan difícil de los diálogos
A viva voz sin arte,
Y en la ciudad que es la ciudad soñada,
Realísima y bellísima
Con hermosura siempre verdadera.
Los años amontonan
Sus materiales brutos,
Que habrá de atravesar, y sin embustes,
La luz del corazón y de la mente.
Fugas no habrá ni vanas ilusiones.
Los amantes se afrontan día a día.
O freedom! O my Florence!

AL MARGEN DE HENRY JAMES

LA MUSA RETIRADA

«The Aspern Papers»

La musa retirada,
Retirada en retiro de recuerdos,
Vive reinando sola en su pasado,
Insigne entre el amor
—Tan suyo, tan secreto noche a noche—
Y las palabras de la poesía,
Pública al fin, ya célebre.

¿Fue quizás el fantasma
De un hombre que soñase
Con la belleza purificadora?
Allí está. No es ficción. No es un concepto.

En su palacio, junto al agua viva,
Es ella siempre: musa
—Con un alma en su carne—
Del verso que volando desde un nido
Asciende hasta su cúspide,
Más allá de los bosques olvidados.

Los poemas, las cartas y en su reino
La mujer para siempre ya reinante.

AL MARGEN DE GRAMSCI

EN LA CARCEL: EXPERIENCIA

> *è difficile comprendere che si può andare
> in prigione senza essere un ladro, né un
> imbroglione, né un assassino.*

«Lettere dal carcere»

Experiencia novísima.
Y no sólo de espacio fijo y mínimo
Sin margen de reserva aún privada,
El último pudor del cuerpo libre.
Hay que apencar con todo:
Repugnante pitanza,
Curso de ociosidad
Por donde ya las horas van perdidas
Sin color ni suceso,
Y un aire que no alumbra luz remota,
Aire ya empedernido entre unos muros
Cada vez más opacos.
La opacidad se infunde, se contagia,
Ahoga los pulmones constreñidos
A respirar el más ajeno ambiente,
Muy sucio de un Poder
Que nada más posee sucia fuerza.
En la cárcel estalla ante el atónito
Como revelación esa increíble
Potencia de injusticia que es el hombre.

AL MARGEN DE RADNÓTI

ULTIMA RESISTENCIA: POESIA

Miklós Radnóti,
Hungría
1909-1944

Sólo unos hombres pueden, minuciosos,
Humillar tanto al hombre,
Reducido a ser pasta de una masa
Ya sólo con derecho a su agonía.
Hebreos son de un «lager», un lagar
Donde fermenta infierno.
¿Batalla? Se destruye a los inermes.
He aquí todavía,
Tras varios años de abominaciones,
A quien no puede apenas caminar:
La extenuación le rinde.
En los bolsillos guarda los papeles
Donde apunta vocablos.
¡Orden, y verdadero, del poema!
Va salvándose allí la criatura
De amor que aún escribe ante la muerte.
«La muerte es ya una flor de la paciencia.»
Aguanta el alma. Sin vigor el cuerpo,
No seguirá adelante. Se le exige
Cavar su fosa. ¡Bien!
Un disparo en la nuca. No se fija
Nadie. Cadáver con sus versos, vivos.

MARGEN VARIO

LOS NEGROS

FAULKNER, «The intruder in the dust»

Fieras hay más feroces que nosotros.
¿Algo habrá comparable a nuestra infamia?
Gime la esclavitud, de muchos culpa.
Y muerdo el polvo de la gran vergüenza.

My only sin is my skin
ANDREAMENTENA RAZAFINKERIEFO,
«Black and Blue»

«Mi piel es mi pecado» canta el negro con voz
Hermosa y dolorida. Desenlace imprevisto:
¿Va, por fin, a nacer de verdad Jesucristo?
El blanco está más blanco de una vergüenza atroz.

JAMES BALDWIN, «The fire next time»

Algo tremendo ocurre en el planeta.
¿Se viene abajo el mundo conocido,
La gran liberación será completa,
No más esclavos? Todo es alarido.

FRAY LUIS DE LEON

El aire se serena,
Por claridad regala más espacio,
Maestro, cuando suena
La lira que a tu Horacio
No fue más fiel ni dio más gloria al Tracio.

Oías el acorde
Reservado a tu alma en el silencio
Total de las estrellas,
O compartías música en la pausa
Del ocio con amigos.

**Todo es número, tácito o sonoro.
Entre sus concordancias te conducen
Pitágoras, Platón.**
                        **Y arriba, Cristo,
Centro, ya no doliente.**

El doliente eres tú, que estás abajo,
En tu brega diaria
Con el ceño severo del pedante,
Con el adusto hipócrita,
Por claustros de una envidia
Que a los colegas trueca en tu envolvente
Plaga devoradora.
¡Cuántos colegas bajo las esferas!

Jamás se abolirán aquellos números
Esenciales, que escuchas
Por entre los teólogos sutiles,
Siempre a brazo partido
Con el mal y sus máscaras.

¿Te hace sufrir el tonto,
Te ensombrece el opaco, tan robusto?
Toda la algarabía
Desemboca al silencio.

Silencio de que parte, llano liso,
La música —de cifras
Mentales, o de estrellas,
O del rabel sagrado.

Y no habrá confusión,
Aunque tan cruelmente
Desgarre tus entrañas,
Que no quede por fin inmersa en mundo,
El mundo enorme que lo abarca todo,
La inmundicia, la flor, el verso bueno,
Sin cesar turbamulta
De Creación en creación. ¡Oh vida,
Aquí mismo inmortal!

El aire se serena. Luz no usada.

ANTONIO MACHADO

DE VERDAD

A Oreste Macrì

Con lentitud de soñador andante,
Ya precozmente viejo,
Aquel hombre pasea por caminos
De sol y polvo o luna.
¿Talante derrotado
Sirve para arquetipo?
Con voluntad de ser varón sereno,
A la tarde tranquila siempre acorde,
Va buscando firmeza
Desde la invulnerable
Raíz del alma propia.
Resulta maravilla
Que todo, paso a paso en la jornada,
Sea con sencillez tan verdadero.
Es la fatalidad de este elegido.
Un alma necesita ajenas almas
En una relación que a todas salve.
He ahí, por de pronto, la justicia
De la palabra justa
Como si fuese ya el objeto mismo
Que en su contemplación de paseante
Propone —con él vamos—

A sí mismo exponiéndose,
Paso a paso poeta.
En torno a esa figura transeúnte
Los seres y su mundo
Se traban, solidarios,
Y late con la mente el corazón,
Y tantas apariencias
Se trasforman en ritmo
De verso y universo,
A pesar de Caín,
Que bulle, se organiza, gana lides.
Los ojos ven con claridad, la mano
Quiere ser compañera,
Y el pasado —raigambre que soñase—
Perdura en la memoria
Del visionario frente a la mañana,
Una mañana pura
Sobre nueva ribera.

RUBEN DARIO

Hay profusión de adornos,
Y entre los pavos reales y los cisnes
El lujo — ¿somos reyes?— nos clausura.
Pero... no somos reyes. Las materias
Preciosas —oros, lacas—
Trasmiten una luz
Que acrece nuestra vida y nos seducen
Alzándonos a espacios aireados,
A más sol, a universo,
Al universo ignoto.
Ansiedad. ¿Por un reino,
Ese «reino que estaba para mí»?
Siempre un ansia de vida hasta sus fuentes
Bebiendo en manantiales
Y sin saciar la sed,

Sumiéndose en pureza originaria
—¡Oh ninfas por sus ríos!—
Con el alma desnuda
Bajo cielos inmensos.
¿Hacia dónde nadamos? Mundo incógnito,
Conciencia de orfandad entre asechanzas,
Francisca Sánchez, acompáñame,
Búsqueda de unos brazos, de un refugio,
Huérfano esquife, árbol insigne, oscuro nido.

PALACIO

MARINA ADRIÁTICA

El mármol blanco del palacio en losas
De escalones desciende —valentía
Firme que a un oleaje desafía—
Hasta el agua y sus trazas tortuosas.

Así, palacio, porque te desposas
Con elemento siempre en móvil vía
De roedor retorno y fuerza fría,
Triunfas del mar, del tiempo y de sus fosas.

Por ambición, por lujo, por capricho,
Más allá de los hábitos prudentes,
Elevas la más frágil hermosura,

Nos dices lo que nadie nos ha dicho,
Desánimo a los hombres no consientes.
La más osada voluntad perdura.

LA COLUMNA SOLITARIA

(CROTONA)

Este mar es el mar que contemplaron
Los ojos de Pitágoras,
Y un oleaje idéntico
Vibra con su rumor y su color
De entonces, y también de este minuto
Marino.
Mi terrestre minuto sólo dice
Naufragio,
Un naufragio en el polvo,
Roído
Por el tictac tictac
Que oprime golpe a golpe
De un pulso.
¿Esta costa fue griega?
Ni edificios ni gentes ni sus árboles.
Resistió al fin un nombre de filósofo.
Y con él, la columna solitaria,
Sin el templo, sin dioses,
¿Y cómo victoriosa,
Entregada al azar desamparado
Que sólo sabe de Fortuna ciega?
Sí, frente al mar se alza la columna,
Consuelo para todos, fugacísimos.
¡Ay, nuestra voluntad de persistencia!

PRIMERA NAVIDAD

(A. G., 1959)

Dice, nerviosa, la niña:
«¡Santa Claus! No habrá venido».
Expectantes, vamos todos
A descubrir el prodigio,
Y ante ella, que nos precede,
Surge el Arbol, encendido,
Con sus tesoros. ¡Son muchos!
Y la niña queda en vilo,
Gravemente inmóvil bajo
La amenaza de un peligro.
Es imposible afrontar
Sin terror el Paraíso.

HISTORIA INCONCLUSA

«Cantar de Mío Cid», Jorge Manrique,
«Noche Oscura», Quevedo.
Don Quijote, Don Juan y Segismundo.
Siempre más: «a las cinco de la tarde».
Genial, sublime España.

Permítame gozar, usted perdone,
Con modesta emoción de estos vocablos:
«Sociedad Económica
De Amigos del País».
¡España, más España!

PEDRO SALINAS

A Dámaso Alonso

I

Pedro Salinas, él, ya nunca «tú».
No esa triste ficción
Como si me escuchase…
¿Desde la tierra donde el cuerpo a solas
Niega a quien fue viviente?
Con todo su vivir
Murió. Murió del todo.

                              ¿Ya del todo?
Compartiendo los aires
Que acogen nuestra vida,
Aunque ya en propio Olimpo,
Intocado por muerte sobrevive
Sin amenaza de vejez siquiera,
Maduro para siempre en la memoria.
Ser único. Se alumbra una figura.

¡Arranque generoso!
Es él, aquel amigo,
Hoy ya sustancia nuestra,
Y no por comunión.
Tú fuiste… No, no así.
Ningún fantasma invoco.
El, él, tan admirable.

II

Amigo.
        Sin quimeras
De trances absolutos,

Fiel a tantas verdades relativas,
Comunes las delicias y aflicciones,
Más acá de las últimas reservas:
El clave temperado
De la amistad segura.
Aquel callejear nocturno en Burgos,
Aquella confidencia de Madrid,
Aquel juego de ingenio con tal nombre,
Aquella indignación,
Periódico entre manos...
Trasparentes momentos
En que un alma es su voz,
La voz propicia al diálogo vivísimo,
Y más futuro exige.
¿No trasladaba Aldana a un firmamento
La ansiedad de coloquio?
Inteligencia en acto,
Del corazón no explícito ya cómplice.

Y el silencio —mortal, incongruente,
Brusco— tajó el coloquio.

III

Una curiosidad inextinguible
Se aplica a más lugares, gentes, obras.
¿Para saber? Para entender gozando
De círculos concéntricos de vida
Con pormenores que descubren fondos.
Y los escaparates por las calles
Ofrecen mundos, y las bibliotecas
—¡Aquella biblioteca de Coimbra!—
Son montones de espíritus que aguardan.
Pero aguardan amigos, estudiantes
Retornan a escuchar, y suenan timbres,
Innumerables solicitaciones,
Mientras debemos a diaria Historia
Nuestras ayudas, nuestras disidencias:
Condenación, aplauso, chiste, risa,

Delicada piedad, y qué ternura,
Más, más amor, y tan concreta el alma.
Un placer, y es el lento saboreo.
Todo, todo más claro hasta ese límite
Que sostiene el pudor más varonil.

IV

La muerte no casaba
Con una madurez en propia cúspide,
Frente a los horizontes
De un afán más agudo cada día.
Entre quizá premuras
Una mirada en calma contemplaba
Los azules marinos
O ese blanco papel
Dispuesto hacia la mente.
¡Inseguro el azar,
Tan favorable al caos!
De pronto — ¿ya?— la nada.
¿Y aquel esfuerzo por crear un orden
Con esta profusión que nos circunda?
Un destino sin plan
Nos arrebata a ciegas
Al más que nunca en pleno
Merecedor de vida bien cumplida.
Definitivo tajo
Que nos dolió, nos duele.

V

Aquí mismo respiran sus vocablos:
Ultima quintaesencia,
Y así, con su tictac
Silencioso de pulso,
Mantenido a través
De esta palpitación de la mañana

Que aquí trascurre ahora.
¿Vida de siempre? Vida de ahora mismo,
A un compás que la ahonda, verdadera
Sin ornato, desnuda.

El verso vive en ti,
Lector, y tú lo asumes
Como infusa existencia enraízada
Bajo tu superficie.

Ahí, trasfigurado,
Fluye por ritmo el tiempo
Con su verdad exenta
De accidentes ya inútiles,
Suma concentración de poesía,
Oro que fuese humano.

Pero el oro no basta.
Por un camino humilde,
Un rasgo accidental —recuerdo súbito—
Evoca a todo el hombre con la fuerza
De una resurrección.

Mis ojos se humedecen.
Vivo surge en la luz a quien sabemos
Sin luz cercano al mar
Que él tan amorosamente contemplara.

Y el muerto vivacísimo
Nos conduce a frontera
Sin consuelo, sin aire de consuelo,
Irrespirable al fin.

Murió el amigo-amigo para siempre,
Y muriendo con él sobrevivimos,
El aún con nosotros.
Algo perenne dura.
Tierra junto al rumor de aquellas olas.
Late bien este hallazgo de palabras,
Sentid: Pedro Salinas.

FEDERICO GARCIA LORCA

También recordando a
Miguel Hernández

I

Un murmullo cruzando va el silencio
Con fluencia continua,
Manantial que es un alba sobre rocas,
Vislumbres sobre espumas.
¿En el agua vacila una mirada?
Un esclarecimiento va aguzándose
Como si fuera ya radioso espíritu,
Y ya tiende hacia un canto,
Que dice...
            Dice: vida.
Nada más.
            Invasión
De evidencias nos sume, nos asume
Y sin embriagarnos, convincente,
Nos arrebata a un aire-luz. Se impone
La suma desnudez irrebatible.
Estalla claridad,
Claridad que es humana
Con su luz de conquista,
Avance de una forma,
De un gesto que es lenguaje,
Triunfo de creador,
Y con duende, con ángel y con musa,
Luminosos espectros,
En plenitud coloca
La humanidad del hombre.

II

El hombre sabe lo que ignora el árbol,
Lo que contempla el mar indiferente.
A través de un casual deslumbramiento,
De pronto se descubre...
¿Qué se descubre ya?
A zaga de la vida va la muerte:
Sucesión —no hay remedio— rigurosa.

Ved al privilegiado.
¿Libre y gozoso infunde
La dicha de la luz?
Ahora es quien padece
Bajo el rayo sombrío.
Dolor, terror, alarma siempre en guardia.

En las umbrías de este sol cruel,
A pesar de la paz
A plomo de las siestas,
Paredes encaladas son anuncio,
Entre cactos y olivos,
De atropello, de crimen.
Inminencias dañinas,
Ay, precipitarán,
Y violentamente,
La fluencia de sangre hacia un cuchillo
De venganza, de rabia.

Miradle bien. El es quien mejor sabe
De un derramado carmesí postrero.

III

El campo sometido a su negrura,
Los desiertos del cielo sin sus lumbres,
Ya las ínfimas fuerzas prevalecen,
Dilatan ese caos
Que no prepara a ser.

Caos: un solo mar
De vómitos. Los odios
Buscan razones, hallan más delirios.
Los muertos se extravían en silencio,
Silencio entre descargas.
Sepulturas sin losas.

¿Va a caer el mejor?

Algo brilla un instante,
Y la adivinación no se equivoca:
Excelso. Caerá.

No caerá.
         ¡No!
                  ¡No!

Ojos había para ver. Caído.

Del estupor, muy largo,
Queda suspenso el orbe.
La desesperación
No llora aún, muy seca.
Acompaña, latente,
El invisible cúmulo estrellado.

A corazones entre sí remotos
Se les juntan sus cóleras.
¿A quién no abarca pena universal?
No habrá llanto bastante
Por todos los caídos
Sepultos, insepultos.

La Creación es una destrucción.

Hasta el sumo dicente se ha callado.
Inmortal en nosotros, pero muerto.
No hay brisa melancólica entre olivos.
Desesperado viento sobre el muerto.
Desesperado el hombre junto al muerto.

REPERTORIO DE JUNIO

1

La puerta da, bien cerrada,
A un jardín quizá inmortal.
Pero el amor la entreabre.
¿Inasequible futuro?
Lo entrevemos, lo queremos
Como practicable hondura.
¿Qué nos promete el amor?
Junto al jardín columbrado
No nos engaña diciendo:
Concebid la eternidad.

2

Contra aventura en orgía,
La relación cotidiana.

¡Oh clave bien temperado!

Amor, según Bach, alía
La noche a tarde y mañana.

3

El minuto presente
Se me agolpa con fuerza
Que me conduce lejos,
A los años futuros
Donde yo no podría
No ser, no compartir
Eso que siendo irás
En tu propia persona,
A lo largo de un hilo
Frágil, imprevisible.

4

No es banquete en mantel de preparado
Placer, aunque se ofrezcan exquisitos,
Sabrosos alicientes. No es concierto
Sujeto a linde y curso de programa,
Aunque tanta armonía relacione
Personajes con actos en la escena,
Siempre acorde a una música insonora.
No es rito que reitere estrictamente
Palabra y ademán, poder sagrado,
Aunque importe el retorno del acierto.

Amor: una memoria en creación.

5

Sensualidad: te debo el gran enlace
De mi forma —feliz— a ya más alma,
Y todo junto soy mi pleno acorde.

6

Sólo un pájaro es quien pía.
Con discreción interpreta
La hermosura de este día
Fundido a la más concreta
Forma de nuestra alegría.

7

Gracias, profundamente gracias,
Criatura de mediación.
Mi vida trasciende contigo
Sus límites. ¿Hacia qué meta?
¿Hacia esa altura del instante
Sin ningún futuro de muerte?

8

No acaba de estallar esa tormenta
Que está pesando, cálido ya anuncio.
Fragor remoto vibra en mis oídos
Como un eco del mero pensamiento.

La noche tiende por sus playas ondas
Mudas aún, marea devorante.

Y tú, como contraste sin designio,
Emerges de lo oscuro, cuerpo cándido
Que ha de salvar su islote y nuestra firme
Dicha contra envoltura de tormenta.

9

Son tantas las dormidas soledades
En torno del amor

    —invicto, vela—

Que la ciudad retorna a sus orígenes,
Reproduce el silencio aun no poblado,
Es tierra oscura que lo aguarda todo.

10

Desear, desear soñando,
Durante el amor soñar más,
Y la plenitud se consuma
De nuevo para renacer.

11

Hierba tan nocturna, hierba,
Dame tu consuelo oscuro.
Amor contra vida acerba:
  Mi conjuro.

12

Tus labios. Misteriosos,
Aunque tan evidentes.
(Nunca se los contempla
Bastante.) Con un alma
Tan comunicativa
Que alumbra persuadiendo:
Labios de la verdad.

13

Mis manos y mis labios y mis ojos
Rehacen
Con creciente embeleso
Próximo al éxtasis,
Activo sin embargo,
Un incesante viaje
De reconocimiento que a la vez descubre
Tanta comarca donde nunca es tarde:
Aurora permanente
Sobre cimas y valles.

14

Entre las combas y las sombras
De tu hermosura no me pierdo,
Y tu nombre claro proyecta
Luz muy personal sobre el cuerpo,
Que está en mi amor y fuera de
Su mágico radio secreto,
Y a esa tu vida, más allá,
Bajo sol y luna me entrego,
Toda tu persona conmigo.
Nuestro doble futuro quiero.

15

Venus, radical dulzura,
Minerva, luz de la mente,
    Que ilumina
Tal placer que en él fulgura
Tu hermosa adhesión consciente,
    Diamantina.

16

Luz muy débil, luz velada
    Por un paño.
Con caricia de mirada
    Te acompaño

Desde tu inmóvil reserva,
    Tan remota,
A pasión que no se agota,
    Dueña, sierva,

Y despacio, casi muda,
    Se confía:
Va emergiendo tu desnuda
    Valentía.

17

Como si fuera violento,
Ingenuamente levantisco,
Vive el amor en su elemento
De ingenua arrogancia tenaz.
¿Lo adivinas cuando lo siento?

18

Conjunción oscura,
Acorde en silencio.

Dos fuerzas se entienden.
Ya también personas,
Ellas son... nosotros
En cúspide amante,
Tan protagonistas
Aunque espectadores.

Nosotros: veraz
Teatro de amor.

19

Amor. Aquí está. De veras.
Ay,
El pasaje, prodigioso,
Es
Tan resuelto que me aflige
Con su amenaza el anuncio
De la suma perfección.
Y...
Felicidad desolada,
Ay.

20

No te comparo a la flor.
Eres sin nombre tú misma.
¡Oh capital de mi culto!
Mi destino en ti se abisma.
Sea el silencio en tu honor.

21

La acogida me otorga límites de dulzura
Donde el ardor es ya su tierno poderío,
Y concurre el vivir con una ligereza
De rayo que alumbrara brisa y penumbra en Junio.

22

Alta noche profunda de intemperie,
De oscuridad con peso de tiniebla,
De soledades tan inmemoriales
Que el presente se erige sin historia
Como el rumor del mar sobre la playa,
Como el viento por mieses de llanura,
Como la luz de las constelaciones,
Como el amor callado en el abrazo
Que sumerge en más noche a los dos juntos,
Noche de inmensa pulsación sin sueño,
Sin sueños. Algo desde un fondo zumba
Sin cesar con zumbidos resurgentes
Que nada saben de amorosos brazos
Entre el rumor del mar y de la noche.

23

La caricia adormece,
Y a una región conduce
Más cercana a la tierra,
A su silencio y sueño,
Bien tendidos, dichosos.

24

Y tu cuerpo esta ahí, remoto y mío,
Inmóvil, invisible, descuidado,

Y mientras me abandono a su nostalgia,

La oscuridad absorbe en su sosiego
De gran remanso nuestro amor flotante.

25

Duermes. Mi mano toca sueño. Duermes.
Gozo de tu inocencia confiada,
De tu implícita forma en esa noche
Que hace tan suya con amor la mano.

26

Te siento dormir sin verte,
Serenísima, sagrada,
Nunca imagen de la muerte,
Y oponiéndote a la nada
Triunfar como piedra inerte.

27

Las estrellas
            se pierden
                    en tu sueño.

Mientras, mi insomnio salva una conciencia
Que a esa muda negrura da sentido.

Es nuestro amor quien a las soledades
Impide ser absurdas, vanas, hórridas.

El corazón, armónico al conjunto,
Refiere nuestros cuerpos al gran ritmo.

También son astros en el firmamento
A través de la misma noche, nuestra.

28

Eres la maravilla natural
Y simple, sin propósito de norma,
Frente a frente a los riesgos del destino.
¡Si tal futuro no acabase nunca!

29

La delicada masa de su sueño
Se espesa junto a mí, sin paz nocturna,
Que así convive con la invulnerable,
Cuyo retorno al despertar es siempre
La súbita inmersión en nuestra dicha.

30

Sumido en un calor de dos, el sueño
Relaja su clausura, casi abierta
Dulcemente hacia el día aún isleño.
Calor, amor.
                    La Historia tras la puerta.

MAR CON LUNA

Un cielo poco estrellado
Da a esta luna de sí llena
Fondo oscuro de contraste
Para el rayo que riela
Sobre un camino de mar
Medio acero, medio perla,
Grises blancos donde flotan
Barquichuelas, casi negras

Sobre la banda muy clara
De un agua que es luna extensa,
Luna derretida abajo
Frente a la que redondea
Su esbozo de faz viviente,
Nos preside, nos gobierna
Según hábitos serenos,
Y como hallándose cerca
Nos otorga una atención
De luz siempre dulce a fuerza
De gran familiaridad
Antigua con su planeta.

LA EDAD

¿Cuál es mi edad? ¿Con cifras se la expresa?
¿No es un cálculo ajeno a la inmediata
Sensación de vivir? No, no se trata
De imitar el balance de una empresa,

Fulano y Compañía, no soy presa
Del número que forma una reata
De tantos, tantos años. ¿Quién acata
Ley del tiempo según la letra impresa?

Sé ahora de mi edad por el dorado
Rayo que en esta tarde me ilumina
Mi fuerza de fervor, mi afán maduro.

Un benévolo duende está a mi lado.
Es ya bella en la rosa hasta la espina.
Contra la edad se alza mi futuro.

SUSANA Y LOS VIEJOS

Furtivos, silenciosos, tensos, avizorantes,
Se deslizan, escrutan y apartando la rama
Alargan sus miradas hasta el lugar del drama:
El choque de un desnudo con los sueños de antes.

A solas y soñando ya han sido los amantes
Posibles, inminentes, en visión, de la dama.
Tal desnudez real ahora los inflama
Que los viejos se asoman, tímidos estudiantes.

¿Son viejos? Eso cuentan. Es cómputo oficial.
En su carne se sienten, se afirman juveniles
Porque lo son. Susana surge ante su deseo,

Que conserva un impulso cándido de caudal.
Otoños hay con cimas y ráfagas de abriles.
—Ah, Susana. —¡Qué horror! —Perdóname. ¡Te veo!

UNA MUERTE SERENA

Campaña contra el bárbaro.
Corre una peste por el campamento,
Y ya entre los dolientes
Yace el Emperador.
¿Quién no se aflige en torno al moribundo?
Él, Marco Aurelio, nunca se contrista.
Naturaleza universal lo quiere.
Así su ley le arrastra a nuevas formas,
Nuevas trasformaciones
Que jamás se detienen. Todo es justo.
El hombre está sereno:
Va a disolverse en tierra o en la brisa,
Torna la parte a su conjunto máximo.
¿Y el Imperio? Fugaz,

Fugaz. Allí está el hijo.
Señalándole dice Marco Aurelio
A quien su voz de mando espera, firme:
«¡El sol naciente! Mira.
Yo soy el que se pone».
Se tapa con un manto la cabeza,
Hacia el muro se vuelve.
Silencioso, tranquilo agonizante,
Aguarda aquel final tan preparado
Por su guía interior: la ley se cumpla.

AQUELLA FLAUTA

GARCILASO, «Comentarios reales», 2, XXVI

El inca prodigioso Garcilaso
Lo cuenta. Recordarlo es un deleite
Que implica amor a la figura príncipe
Donde se funden los extremos tensos.

A deshora en el Cuzco,
Majestuoso Cuzco milenario,
Ya avanzada la noche hacia un peligro
De tiniebla de selva
—Y su rumor, que ya no es de follaje—
A deshora una flauta,
Quizá desde un otero,
Mantenía su filo de sonido
Muy agudo, tal vez alguna súplica.
… Y un español avizoró unos pasos:
Una india a deshora.
—Déjame ir, señor, adonde voy.
Me llama aquella flauta con ternura
Que a ir allá me fuerza.
Déjame por tu vida. ¿Tú no oyes
La flauta que me arrastra con amor?
Yo seré su mujer.
El será mi marido.

ACTEON QUE SE SALVA

Se llamaba Acteón, tan culto era el linaje
De aquel hombre perdido
—Sin riesgo— por campiña urbanizada,
Mensaje
De ciudad no remota.
¿Lo rústico en olvido?
Agrada
La maleza que brota
Como una incitación a rutas imprevistas.
El extraviado errante,
De pronto y sin querer, se descubre delante
De un campo de nudistas.
Oh, todos son correctos.
Acteón ve a una dama.
«Good morning» Acteón se figura que exclama.
¿Quizá «Lovely day»? Sin faunos, sin insectos,
Naturaleza aséptica no ofrece más que flor
Sin caricia de olor.
La gente charla. Nadie a nadie ve.
Los desnudos anulan sus desnudos,
Escudos
Contra las tentaciones. ¿Y la fe,
Bajo la luz del sol, en ti, Naturaleza?
Sin ninfas ni deidad, sin amor la belleza,
Acteón se va en busca de una casa de té.

REGRESO AL CAOS

Se necesita en Dallas
Otro Mingo Revulgo
Para hincar en tus alas,
Murciélago, sus clavos.
La plebe con el vulgo.
Ni señores ni esclavos.

... Y un crimen se perpetra,
Público, frente a frente
De todos. Triunfa letra
Sin espíritu. Masa
—Mayor jamás— de gente
Ve el crimen desde casa.

No hay nadie responsable.
Ni ciencia ni dinero,
Ni un hisopo ni un sable.
El peor de los caos
Es quien, cero tras cero,
Suma al fin: condenaos.
El caos, una fiera
Reducida a su hez,
Más caos prolifera.
Mientras es aplastada,
Ella aplasta a su vez.
Negocio, muerte, nada.

YEATS

LA ISLA EN EL LAGO DE INNISFREE.

«The lake islé of Innisfree» en *The Rose*

Quiero ponerme en pie, ir ahora a Innisfree,
Y construirme una pequeña choza
Con cañizos y barro.
Habar de nueve filas tendré allí,
Y una colmena para abeja obrera,
Y en el claro del bosque, de abejas susurrante,
He de vivir a solas.

Gozaré allí de paz porque la paz no viene
Despacio goteando de los velos
De las mañanas hacia donde cantan los grillos.
Todo será vislumbre a medianoche,
Y púrpura candente a mediodía.
Llenarán el ocaso las alas del jilguero.

Quiero ponerme en pie, ir ahora a Innisfree
Porque días y noches oigo ya cómo bate
Con un leve sonido en las riberas
El agua de aquel lago.
Mientras, heme aquí yo. Por la calzada
O desde el empedrado
Gris lo escucho en el hondo centro del corazón.

EL GATO Y LA LUNA

«The cat and the moon»
en *The wild swans at Coole*

Por aquí, por allá surgía el gato,
Y la luna giró como peonza.
El gato, su más próximo pariente,
Animal deslizante, la miró.
Afrontaba a la luna Minnaloushe.
Por gimiente y errático que él fuera,
Aquel puro y tan frío resplandor
Del firmamento perturbó su sangre.
Y corre, corre el negro Minnaloushe
Con sus pies delicados por el césped.

¿Tú bailarás, bailarás, Minnaloushe?
Cuando parientes cercanos se encuentran
Nada hay mejor que animar una danza.
Muy aburrida por modas galantes,
 ¿Tú no podrías ahora aprender,
Luna, las nuevas figuras de un baile?

Bajo el fulgor lunar, iluminado,
Avanza, se desliza Minnaloushe
Por el césped. Y sobre su cabeza
La sacra luna ha entrado en nueva fase.
¿Minnaloushe sabrá que sus pupilas
Cambiando han de pasar de forma en forma,
De la luna creciente a la más llena,
De la llena otra vez a la creciente?

Por el césped va aún y su importancia
Desliza, solo, sabio. Minnaloushe,
Y dirige sus ojos
Cambiantes hacia la cambiante luna.

VERSOS ESCRITOS CON DESANIMO

«Lines written in dejection»
en *The wild swans at Coole*

¿Cuándo he mirado por última vez los redondos
Ojos —tan verdes— y los ondulantes
Cuerpos de los oscuros leopardos de la luna?
Todas las montaraces hechiceras
—Nobilísimas damas
A pesar de sus palos de escoba y de sus llantos,
De sus airados llantos— ya se fueron.
Los sagrados centauros de los montes
Han desaparecido.
Yo no tengo ya más que el sol amargo.
Proscrita y esfumada
La heroica madre luna,
Ahora que cumplí los cincuenta años
He de sufrir el sol, a mi tímido sol.

AZORIN
o más bien

A
ZO
RIN

El profesor Shih-Hsiang Chen, de la
Universidad de California, me asegura
que Chejof y Azorín han sido los
autores extranjeros más celebrados en
China. Azorín y el Celeste Imperio:
armonía fatal.

Berkeley, 1951

I

A media tarde, orillas del lago Ch'ing Tsao, sobre la terraza a que llega alguna rama de cerezo en flor, los dos amigos
departen, leen y se escuchan. Son los tiempos felices de la
dinastía Ch'ing. El amigo más joven recita un fragmento de
poema:

«Quiero ver la mesa limpia, nítida, la cristalería ha
de relucir y brillar. Sobre el mantel pongo un haz de rosas
y de hierbas silvestres».

—¡Admirable!— exclama el oyente. Nadie mejor que
A ZO RIN ha sabido expresar el refinamiento de China.
Acaso pueda yo también recordar en parte algún poema.
—Le escucho— replica, sonriente, el otro.
—Si no me engaño, nuestro poeta escribió:

«Tres colores llenan los ojos en el jardín: el azul intenso
del cielo, el blanco de las paredes encaladas y el verde del
boscaje. En el silencio se oye...»

¿Cómo continúa el poema?
Ah, sí:

«En el silencio se oye —al igual de un diamante
sobre un cristal— el chiar de las golondrinas sobre el añil
del firmamento».

II

Los dos amigos callan. Recreándose en aquellas imágenes de otra atmósfera dirigen la vista hacia el lago, que ondea levemente con brillos de plata. Un bote se desliza entre unos remos solitarios. Allá enfrente, las frondas de la orilla resaltan con su gradación de verdores, ya oscuros y a la sombra, ya casi grises en amarillo solar. Del silencio —profundo silencio común— se elevan las palabras.

—Pienso ahora —dice el amigo más joven, poeta sin duda— en aquella evocación de Wang Shih Cheng:

«Las aguas murmuran suavemente, riberas del lago Ch'ing Tsao. Sobre el templo de Huang Ling están colgadas las nubes grises del sol poniente. Una sola barca va a toda vela resbalando, veloz sin rumbo, por el fresco viento del Oeste, y en la lontananza serpea el camino montés que conduce a Yuëh Yang.»

III

Las palabras se yerguen, ligeras, sobre el silencio, siempre denso. La hora, sin rupturas de vacío o inatención, trascurre despacio. Una rama de cerezo pende afinándose, más aguda sobre la barandilla, junto a los dos amigos. Se mantiene a intervalos el coloquio. Los interlocutores hablan o se callan con ahinco. Meditación y cortesía brotan de una raíz.

Vuelven a la memoria activa trozos de autores predilectos.
—¡Admirable A ZO RIN!— repite uno de los amigos.
—¡Admirable, magistral! —confirma el otro. —¿Recuerda usted?

«Bebo el agua fresca de los hontanares del monte. Observo entre los lentiscos cómo tienen las silenciosas arañas tendidas sus telas.»
—Sí, de «Primavera, melancolía». ¡Primavera, melancolía!

Y más silencio prolonga, hondo, henchido, el homenaje al poeta.

RILKE

A Elfie

ENCUENTRO EN EL PASEO DE LOS CASTAÑOS

«Begegnung in der Kastanienallee»
en *Neue Gedichte*

La verde oscuridad desde la entrada
Le envolvió en su frescura
Como un manto de seda
Que aceptó, se ajustó.
Entonces, a lo lejos,
Por el último fondo trasparente,
Desde el sol verde, como en verdes vidrios
Una figura blanca y solitaria,
Ah, relampagueó, remota mucho tiempo.
Por fin,
Y rebosante más a cada paso
De aquella luz al suelo dirigida,
Llevó consigo claridades móviles,
Que huían detrás de ella,
Temblorosas en rubio.
Mas de un golpe la sombra fue profunda,
Y unos próximos ojos se le abrieron:
Rostro novel y claro,
Que se quedó como si fuera efigie
—Un largo instante— cuando se apartaban.
Era al principio siempre, y nada fue después.

WALLACE STEVENS

A la memoria de Renato Poggioli,
traductor de W. S.

ESTUDIO DE DOS PERAS

«Study of two pears»

I

Opusculum pedagogum
Las peras no son violines,
No son desnudos ni botellas,
No se parecen a otros cuerpos.

II

Son unas formas amarillas
Compuestas nada más de curvas
Que se comban hacia la base,
Y con algún toque de rojo.

III

No son superficies de planos
Que posean perfiles curvos.
Son sencillamente redondas
Afilándose hacia la cúspide.

IV

De tal modo están modeladas
Que ofrecen girones de azul.
Una hoja —que es recia, seca—
Suspendida sigue del tallo.

V

El amarillo brilla, brilla
Con varïantes de amarillos
—Gualdas, anaranjados, verdes—
Florecientes sobre la piel.

VI

Las sombras de las peras son
Manchones del verde mantel.
Las peras nunca se revelan
A gusto del observador.

DOS PERAS

Estos dos cuerpos únicos
Se parecen... ¿a qué?
No busco semejanzas.
Lo que son ya lo sé.

Son formas amarillas
Con algún rojo toque,
Azulándose en curvas
A la luz de mi enfoque.

Las curvas redondean
El cuerpo hacia la cumbre.
Una hoja del tallo
Pende sin pesadumbre.

El amarillo brilla
Con su vario matiz.
Desde el gualda hasta el verde
Se alumbra su desliz.

La sombra de las peras
Fluye y mantel conquista.
Las peras no dependen
De mi plan, de mi vista.

ROMANO BILENCHI

LA FUENTE

I

A la fuente, gran fuente de tres arcos,
Venían a lavar su ropa blanca
Las mujeres de aquellos barrios próximos.
Un caballo surgió, que ya rompía
Las apretadas filas rumorosas,
Temeroso acercándose a la fuente.
Y bebió poco a poco de aquel agua
Que había contemplado con sosiego.
El agua, renovada, se aclaraba
Lentamente. Después, otros caballos
Vinieron en parejas, y relinchos
Con serpentinos trémolos de gozo
Sonaban, y en los cuellos se mordían.
A ratos descansaban las mujeres.
Alguna acariciaba algún caballo
Que hacia ella tendía ya el hocico.
Y, por fin, los caballos se marcharon
—Bajo la polvareda blanda y blanca
Del camino, más alto con el polvo—
Siempre en solaz, rozándose y mordiéndose
Todavía los cuellos, los ijares.
Las lavanderas a lavar tornaron,
Quién indolente, quién más expedita.
Yo miraba caballos y mujeres.

II

En la fuente de aquel valle,
Alta fuente de tres arcos,
Lavaban su ropa blanca,
Bajo el sol de aquel verano
Ruidoso de las afueras,
Mujeres de aquellos barrios.
Irrumpiendo entre las filas
Femeninas un caballo
Temeroso hasta la fuente
Se llegaba y muy despacio
Bebía, no sin haber
Algún tiempo contemplado
La trasparencia mayor
O menor del agua. Varios
Caballos venían juntos,
Relinchaban retozando,
En el cuello se mordían
Mientras hacia alguna mano
Se tendía algún hocico
Pronto a ser acariciado.
Y juntos, al fin se fueron
Por el camino, más alto
De polvo blanco, mordiéndose
Con amor cuellos y flancos.

III

Caballo sediento
Se acerca a una fuente.
Frescura consiente
La tarde sin viento.

Agua contemplada
Se bebe con gozo.
Como una algarada
Resuena el retozo.

Fuente, mujerío,
Agua, ropa, voces
Que no cesan, goces
Solares de estío.

El agua no sacia.
Un cuello se inclina
—Más caballos— hacia
Caricia vecina.

Con la polvareda
Blanca del camino
Se va el grupo equino.
La hermosura queda.

DEL CONTACTO AL ACTO

¿«Conformismo»? Jamás conforme estuve
Con esa imposición desordenada
Que es siempre el Orden. ¡Ah, la sociedad!
Nunca estará bien hecho el mundo humano.

Humanas criaturas hay capaces
De residir en esencial acorde,
Y por eso tan físico, tan denso,
Con esa realidad ahí surgida.

No se fracasa por deber diario.
Vivir no es cultivar una impotencia.
Varón será quien ame poseyendo.

—¿Acorde?— Poderío suficiente
Para asir esta vida, nuestra vida,
Y lograr el contacto fecundante.

ANIMAL DE SELVA

... Y me oí mi grito de pánico
Retrocediendo ante un ataque,
Súbita protesta bestial
Que me despertó.

                    Ya conozco
Mi voz más remota de selva,
La selva que arrastra por dentro,
Sonando en su noche más íntima,
Este rudo animal aún
Prehistórico.

                    Le he oído
De veras gritar. Me da lástima.

PRIVILEGIADA SITUACION

Despertar.
                Y la mano ya se tiende
Para en seguida poseer un trozo
De inmenso mundo, superior —no hay duda—
A esa mano pequeña, muy pequeña,
Al borde nada más de un infinito.

REGRESO A LA SALUD

Este lento regreso me devuelve,
Gradual, por escala de ascensión
Muy cautelosamente dirigida,
La conciencia —mayor, ahora atónita—
Del equilibrio tan extraordinario
Que sostiene esta máquina del cuerpo,
El dédalo puntual de los enlaces
Entre músculos, venas, nervaduras,
Orbe ya de prodigios sabihondos.
¿Obra de Dios? ¿Obra de azar? Me pasma.

DESEMBOQUE Y FRONTERA

Y suavemente, sin querer la calle,
Tan urbana hasta entonces, desemboca:
Tierra con hierba, trozos rotos, vidrio,
Hoja de lata, ruinas modernísimas,
Profusión de verdores en desorden
Como si fueran mieses de ninguno,
La campiña final. Espacios anchos
Ofrecen elementos: aires, luces,
Trasparencias, montañas, lontananzas,
Terrestres y celestes manantiales.

EL GRECO

La peñascosa pesadumbre estable
Ni se derrumba ni se precipita,
Y dando a tanto siglo eterna cita
Yergue con altivez hisopo y sable.
¡Toledo!
Al amparo del nombre y su gran ruedo
—Toledo: «quiero y puedo»—
Convive en esa cima tanto estilo
De piedra con la luz arrebatada.
Está allí Theotocópulos cretense,
De sus visiones lúcido amanuense,
Que a toda la ciudad presenta en vilo,
Toda tensión de espada
Flamígera, relámpago muy largo:
Alumbra, no da miedo.
¡Toledo!
«A mí mismo me excedo
Sin lujo de recargo.»
Filo de algún fulgor que fue una hoguera,
Siempre visible fibra,

Zigzag candente para que no muera
La pasión de un Toledo que revibra
Todo infuso en azules, ocres, rojos:
El alma ante los ojos.

CARTAGENA DE INDIAS

A Ramón de Zubiría,
cartagenero amigo

¡Cuánta España ha quedado por aquí,
Por estas calles y por estas plazas!

Largos balcones como corredores
Y rejas de madera
Con balaústres sobre las ventanas,
Patios profundos de otra Andalucía
Más festiva, más clara.

A nadie amenazando,
Ante el mar la ceñuda fortaleza
Que los tesoros guarda.
Y también imponente
—Obra, sí, de romanos— la muralla.

Y todo bajo sol
De trópico, luz, luz, palmeras altas,
O tempestades súbitas
De inmensidad con fábula.
Y negros, indios, blancos
Generosos de lengua castellana.

¡Cuánta vida ha dejado por aquí
La España desgarrada!

LOS HOMBRES

> *Qui giace Aldo Piperno condannato*
> *perché nacque.*
>
> GUGLIELMO PETRONI, «Il mondo è
> una prigione»

Sobre un muro de celda en una cárcel,
Poco antes de morir un hombre escribe
Su nombre, luego:
                    Condenado porque
Nació.
        Vergüenza y crimen —y de todos.
Porque nació con sangre de Israel.

O como Segismundo había dicho
Ya con más filosófica fatiga:
«Pues el delito mayor
Del hombre es haber nacido».
¿Haber nacido con aquella sangre
De Eva?
        Hijo de...
                    No nos insultemos.

Historiador: anota esa inscripción
Apuntada en pared del siglo xx.
Con justo horror explicarás más tarde:
«Todavía entonces...»
¿Pecado? Más. Historia:
Nuestro arrastre común de Historia Humana.

TIEMPO Y TIEMPO

Fiesta más irreal no la he soñado
Nunca. Fue anoche, ya de madrugada.
Estabas viva, no resucitada.
Eras, sí, la de antes ¿en qué estado?

Iba a empezar la fiesta, y a mi lado
Sonreías, aún de pie, callada.
No había sido natural tu entrada.
Venías esta vez de aquel pasado,

El nuestro ya sin prórroga, concluso,
A fechas sucesivas tan sumiso,
Siempre en orden: el tiempo del reloj.

Mi memoria, culpable de un abuso,
Se alzaba contra lo que Dios no quiso:
Que hoy fuese ayer.
                              ¿Y cómo yo soy yo?

EL BALANCE

Pasan los años y el fatal balance
Se impone ya a los más desprevenidos.
¿Qué me propuse, qué logré, qué alcance
Tuvieron mi agudeza, mis sentidos?

Es inútil que un modo siempre astuto
De mentirme despliegue sus sofismas.
Con la verdad al fin ya no discuto.
Mis ilusiones hoy no son las mismas.

¿Me queda la ilusión de ser yo mismo
Quien vale más que el propio resultado?
La experiencia retorna al catecismo.
Mi ser es mi vivir acumulado.

Si se perdió un gran don, si no fue nada,
Para consuelo crecerá el orgullo.
Una potencia así despilfarrada
Favorece monólogo y murmullo.

El de veras humilde pone el peso
De su ser en su hacer: yo soy mi suma.
De pretensión a realidad regreso.
Pulso del oleaje esfuma espuma.

EL CUENTO DE NUNCA ACABAR

A mi hijo

El mar, el cielo, fuerzas sin fatiga,
Concurren bajo luz serenadora.
Sólo soy yo en la tarde el fatigado.

Se impone a todos este azul intenso,
Azul tendido hacia su propia calma,
Apenas iniciándose
Variaciones de espuma.
Vagos cuerpos de nubes
Aguardan el crepúsculo y su fiesta.
Mis ojos ven lo que han amado siempre,
Y la visión seduce más ahora,
Frágil bajo penumbras
Que a través, ay, de esta mirada mía
Tienden hacia lo umbrío.

Los años, si me dieron sus riquezas,
Amontonan sus números,
Y siento más veloz
La corriente que fluye arrebatándome
De prisa hacia un final.

No importa. La luz cuenta,
Nos cuenta sin cesar una aventura,
Y no acaba, no acaba:
Desenlace no hay.
Aventura de un sol y de unos hombres.

Todos, al fin extintos,
Se pierden bajo un cielo que los cubre.
El cielo es inmortal.
Feliz quien pasa aquí,
Si este planeta le ha caído en suerte,
Sus efímeros días
Como los del follaje
Que será amarillento.
  ¿Soy yo más que una hoja
De un árbol rumoroso?
Un destino común
— ¿El único?— nos junta en la corteza
De un astro siempre activo,
Todos así partícipes
De un movimiento que conduce a todos
Hacia... ¿Tal vez no hay meta?

Ese mundo, que en mí se va perdiendo,
Frente a mí sigue intacto
Con su frescor de fábula.

Un abierto balcón,
Una sombra latente junto al muro
De una calle en la siesta del estío,
Calles, ciudades, campos, cielos, luces

Infinitas... Y el hombre
Con su poder terrible,
Y en medio de los ruidos,
Por entre los desórdenes innúmeros,
La habitual maravilla de una orquesta.

Una vida no cabe en la memoria.

Ambitos de amistades,
Espíritus sin roce
Con Historia, con público,
La mujer, el amor, las criaturas,
Nuestra existencia en pleno consumada
Entre bienes y males.

Surge una gratitud
¿En cuántas direcciones?
Se despliega la rosa de los vientos.

¡Amigos! Este Globo
Florece bajo diálogos:
Extraordinaria flora
—Mezclándose a la selva
Que nunca se destruye—
Por entre las historias diminutas
Que recatan sin fechas los instantes
Supremos, tan humildes.
La raíz de mi ser los ha guardado
Para abocar al que yo soy. Más rico,
Respirando agradezco.
El hombre entre los hombres,
El sol entre los astros,
¿En torno a una Conciencia?
(Más que una hoja yo no soy, no sé.)

Miro atrás. ¡El olvido me ha borrado
Tanto de lo que fui!
La memoria me oculta sus tesoros.

¿Cómo decir adiós,
Final adiós al mundo?
Y nadie se despide de sí mismo,
A no ser en teatro de suicida.
Estar muerto no es nada.
Morir es sólo triste.
Me dolerá dejaros a vosotros,
Los que aquí seguiréis,
Y no participar de vuestra vida.
El cuento no se acaba.
Sólo se acaba quien os cuenta el cuento.

¿Habrá un debe y haber
Que resuma el valor de la existencia,
Es posible un numérico balance?
Ser, vivir, absolutos,
Sacros entre dos nadas, dos vacíos.
El ser es el valor. Yo soy valiendo,
Yo vivo. ¡Todavía!
Tierra bajo mis plantas,
El mar y el cielo con nosotros, juntos.

Indice

AIRE NUESTRO

CANTICO · CLAMOR · HOMENAJE

PRIMERA SERIE

CANTICO · FE DE VIDA

SEGUNDA SERIE

CLAMOR · TIEMPO DE HISTORIA

HOMENAJE
REUNION DE VIDAS

Al margen de la «Odisea»   173
Al margen de Horacio   174
Al margen de «Las mil y una noches»   175
Al margen del «Poema del Cid»   175
Al margen de Montaigne   176
Al margen de Quevedo   177
Al margen de Goethe   179
Al margen de los Browning   179
Al margen de Henry James   180
Aí margen de Gramsci   181
Al margen de Radnóti   182
Margen vario   183
Fray Luis de León   183
Antonio Machado   185
Rubén Darío   186
Palacio   187
La columna solitaria   188
Primera navidad   189
Historia inconclusa ... .'.   189
Pedro Salinas   190
Federico García Lorca   194
Repertorio de junio   197
Mar con luna   205
La edad   206
Susana y los viejos   207
Una muerte serena   207
Aquella flauta   208
Acteón que se salva   209
Regreso al caos   209
Yeats   210
Azorín, o más bien A zo rín   213
Rilke   215
Wallace Stevens   216
Romano Bilenchi   218
Del contacto al acto   220
Animal de selva   221
Privilegiada situación   221
Regreso a la salud   221
Desemboque y frontera   222
El Greco   222
Cartagena de Indias   223
Los hombres   224
Tiempo y tiempo   225
El balance   225
El cuento de nunca acabar   226

El Libro de Bolsillo Alianza Editorial Madrid

Libros en venta

---

* Volumen intermedio   ** Volumen doble   *** Volumen especial

**** Volumen extra   ● Volumen sin determinar